04
1880.

LE
# DERNIER DES COURTENAY

# LIBRAIRIE DE E. DENTU, ÉDITEUR

## DU MÊME AUTEUR

*Collection grand in-18 jésus à 3 francs le volume.*

| | |
|---|---|
| LA SORCIÈRE ROUGE, 4ᵉ édition........... | 3 vol. |
| LE VENTRILOQUE, 4ᵉ édition............. | 3 — |
| LE SECRET DE LA COMTESSE, 5ᵉ édition... | 2 — |
| LA MAITRESSE DU MARI, 5ᵉ édition....... | 1 — |
| UNE PASSION, 4ᵉ édition................ | 1 — |
| LE MARI DE MARGUERITE, 13ᵉ édition..... | 3 — |
| LES TRAGÉDIES DE PARIS, 7ᵉ édition...... | 4 — |
| LA VICOMTESSE GERMAINE (suite des *Tragédies de Paris*), 7ᵉ édition................ | 3 — |
| LE BIGAME, 6ᵉ édition................... | 2 — |
| LA BATARDE, 3ᵉ édition.................. | 2 — |
| UNE DÉBUTANTE, 3ᵉ édition.............. | 1 — |
| DEUX AMIES DE SAINT-DENIS, 3ᵉ édition... | 1 — |
| SA MAJESTÉ L'ARGENT, 5ᵉ édition......... | 5 — |
| LES MARIS DE VALENTINE, 3ᵉ édition...... | 2 — |
| LA VEUVE DU CAISSIER, 3ᵉ édition........ | 2 — |
| LA MARQUISE CASTELLA, 3ᵉ édition........ | 2 — |
| UNE DAME DE PIQUE, 2ᵉ édition........... | 2 — |
| LE MÉDECIN DES FOLLES, 3ᵉ édition....... | 5 — |
| LE CHALET DES LILAS, 3ᵉ édition......... | 2 — |
| LE PARC AUX BICHES, 3ᵉ édition.......... | 2 — |

UNE FLEUR AUX ENCHÈRES, 5ᵉ édit., 2 vol.  2 fr.

IMPRIMERIE GÉNÉRALE DE CHATILLON-SUR-SEINE. — J. ROBERT.

# LE DERNIER
### DES
# COURTENAY

PAR

XAVIER DE MONTÉPIN

PARIS

E. DENTU, ÉDITEUR

LIBRAIRIE DE LA SOCIÉTÉ DES GENS DE LETTRES

PALAIS-ROYAL, 17 ET 19, GALERIE D'ORLÉANS

—

1880

Tous droits réservés.

# LE DERNIER DES COURTENAY

## I

### UN HOMME DE MAUVAISE MINE

Vers la fin du mois de juillet de l'an de grâce 1755, sous le règne collectif de madame la marquise de Pompadour et du roi Louis, — quinzième du nom, — entre neuf et dix heures du soir, un personnage assez bizarre arpentait, à grandes enjambées, une petite rue étroite et tortueuse, qui donnait dans le faubourg Saint-Antoine, non loin de la place Royale.

Ce personnage était un homme de haute taille, qu'on eût dit échappé d'une de ces planches de cuivre où l'énergique et fantasque burin de Jacques Callot gravait ses immortelles fantaisies.

Lorsqu'il venait à passer sous un des rares réverbères qu'entretenait si mal la police du temps, et lorsque son ombre se projetait en avant sur les pavés, on n'aurait su dire, vraiment, lequel était le plus long, le plus maigre, le plus dégingandé du corps ou de l'ombre.

Sous les rebords à demi brisés d'un chapeau lampion, enfoncé sur l'oreille droite et penché en avant jusque sur les sourcils, on voyait étinceler deux yeux caves qui semblaient, dans les ténèbres, phosphorescents comme ceux du chat.

La tête était petite, avec de grands traits. Le nez saillant, osseux, recourbé, — couvert d'une peau tendue et luisante, — s'avançait comme un bec d'oiseau de proie. La bouche, très large et garnie de dents blanches, pointues et très écartées, n'avait pour ainsi dire pas de lèvres.

Cette bouche, quand elle était fermée, ressemblait à la cicatrice d'un coup de couteau.

Le bas du visage était tout à la fois pointu et carré.

Deux grandes moustaches noires — semblables à celles que portaient messieurs les gardes françaises soigneusement astiquées et retroussées en crocs, donnaient à cette basse et vilaine figure un aspect militaire.

L'ajustement était moitié civil et moitié soldatesque.

L'habit — dont les galons d'or ou d'argent avaient disparu — provenait évidemment de la défroque de quelque officier.

Quant à la culotte — d'un vieux velours miroité et usé jusqu'à la corde — il aurait été difficile de lui assigner une origine probable.

Une longue rapière, à poignée de cuivre, battait les mollets de notre personnage — ou plutôt la place où ces mollets auraient dû se trouver.

Tout en marchant, et tout en tracassant de la main droite sa moustache gauche, l'homme que nous venons de décrire fredonnait, sur l'air d'un *noël* alors à la mode, les couplets suivants :

>Monnaie,
>Monnaie,
>Il n'est pas, sans toi, de bonheur !...
>Tout homme
>Te nomme
>Un vrai brevet de grand seigneur !...

L'homme de mauvaise mine orna de quelques fioritures les derniers vers de cette mauvaise chanson. Puis il reprit :

>Le riche
>Se fiche
>Des tracas et des mauvais jours !...
>Sans cesse
>S'empresse
>Sur ses pas le dieu des amours !...

Le chanteur, comme pour établir un contraste entre sa propre position et le bonheur qu'il célébrait, frappa légèrement sur ses goussets, d'où ne s'échappa aucun son métallique. Ceci fait, il continua :

>En course
>Sa bourse
>Se gonfle au lieu de s'aplatir !...
>Aucune
>Fortune
>Pour lui ne manque d'aboutir !
>Bouteille
>Vermeille

> Dans son cellier point ne tarit!...
> 	Et fille
> 	Gentille
> Tout à belles dents lui sourit!...

— Ah! coquin de sort!... — s'écria-t-il brusquement en s'interrompant, — du bon vin à discrétion et de belles filles à volonté! voilà une existence chafriolante!... — malheureusement ce n'est qu'en chansons! autant en emporte le vent!...

Il poussa un profond soupir, tourmenta de plus belle sa moustache qui n'en pouvait mais, et reprit le premier couplet, qui sans doute était aussi le refrain :

> Monnaie,
> Monnaie,
> Il n'est pas, sans toi, de bonheur!..
> 	Tout homme
> 	Te nomme
> Un vrai brevet de grand seigneur!.

Au moment où notre personnage achevait le dernier vers, et, selon sa coutume, l'enjolivait de fioritures prétentieuses, il arrivait devant une maison basse et de mauvaise apparence et il s'arrêtait.

Cette maison n'avait qu'un rez-de-chaussée et un étage.

Ce rez-de-chaussée était percé d'une porte et de deux fenêtres.

La porte était close et les volets fermés.

Mais, à travers les fissures de la porte, — à travers les entrebâillements des volets, — on voyait s'échapper des traînées de lumière, — on entendait s'évaporer des bruits de voix animées, criant, chantant, vociférant.

Une petite enseigne, placée au-dessus de la porte et complétement perdue dans l'obscurité, expliquait ces rumeurs.

Lorsqu'il faisait jour, on pouvait lire sur cette enseigne les mots suivants :

### TAVERNE DU BROC D'ARGENT.

L'homme maigre appuya ses longs doigts sur le loquet ; — il ouvrit la porte et il entra.

Les plus abominables estaminets des plus boueux quartiers du Paris moderne, — les bouges du quartier des Halles, — les *tapis-francs* que les romanciers ont décrits, — les *souricières* que connaît la police, ne sauraient donner à nos lecteurs une idée exacte de la taverne du *Broc d'Argent,* dans laquelle nous les introduisons.

Auprès de ce repaire infâme, les divers et ténébreux établissements que nous citons plus haut auraient semblé des merveilles de luxe et de bon goût, — quelque chose de féerique dans le goût des salles moresques de l'Alhambra.

Qu'on se figure une salle unique, aussi large et aussi profonde que la maison dont elle occupait en totalité le rez-de-chaussée.

Cette salle, aux murailles nues, décrépites et graisseuses, tatouées de dessins obscènes tracés dans son plâtre éraillé avec la pointe des couteaux, avait un plafond noir, à solives saillantes, soutenues par des piliers de bois à peine équarris. De longs festons de toiles d'araignées pendaient à chaque solive. Des lampes de fer, dont les godets allongés renfermaient de longues mèches plates, repliées dans l'huile de noix, comme des ténias dans des bocaux, se suspendaient à chaque pilier, éclairant la salle jusque dans ses profondeurs les plus reculées.

Un quadruple rang de tables de chêne, — longues, — étroites, et d'une indescriptible malpropreté, — s'alignaient dans le sens de la longueur.

Les pieds massifs de ces tables étaient scellés dans le carrelage, aussi bien que les bancs et les escabeaux, — utile précaution qui rendait impossible l'emploi du mobilier comme armes offensives ou défensives, dans les rixes fréquentes dont ce bouge était le théâtre.

De distance en distance des gobelets d'étain se voyaient sur les tables — retenus par de petites chaînettes de fer, afin que les habitués ne pussent point emporter les coupes, après les libations.

Une douzaine de tonneaux et de barils — de toutes les tailles et munis de robinets — contenant du vin et de l'eau-de-vie, s'entassaient les uns sur les autres, dans l'angle de la salle le plus rapproché de la fenêtre de gauche, et à proximité d'un massif comptoir qui supportait des mesures de cinq ou six grandeurs différentes.

Le maître de la taverne du *Broc d'Argent*, petit homme à ventre de Falstaff et à trogne rouge violemment bourgeonnée, suffisait au service, avec deux garçons qu'il avait sous ses ordres.

Ces trois hommes allaient et venaient sans relâche — répondant à chacun, et se multipliant dans ce véritable pandémonium.

Au moment où l'on mettait le pied sur le seuil, on était saisi à la gorge par les abominables parfums des lampes fumeuses, — des eaux-de-vie frelatées, — du vin répandu et de la fumée de tabac, car plusieurs des habitués du *Broc d'Argent* fumaient de longues pipes, — chose presque complétement inusitée à cette époque.

## II

### A PROPOS DE TONNEAU

Avez-vous vu quelquefois un chien gourmand, maigre, crotté, affamé, entrer dans une cuisine bien garnie, à l'heure où la broche tourne et où les casseroles font entendre, sur les fourneaux, leur petite chanson monotone ?

Les flancs décharnés de l'animal tressaillent de joie, — sa queue pelée frétille dans les convulsions d'une voluptueuse et avide convoitise, — ses yeux deviennent fixes et brillants, — sa tête se relève, et ses naseaux, largement dilatés, aspirent énergiquement les fumets des rôtis et la vapeur des ragoûts.

Le bizarre personnage, dont nous venons d'esquisser dans le précédent chapitre la silhouette quasi-fantastique, offrit, en pénétrant dans la taverne du *Broc d'Argent*, une pantomime à peu près pareille à celle du chien maigre et affamé.

A peine avait-il refermé derrière lui la porte du bouge, à peine les senteurs mal odorantes et les repoussantes émanations dont nous avons parlé vinrent-elles frapper son nerf olfactif, qu'il parut éprouver une sensation délicieuse. Les papilles nerveuses de son bec d'oiseau carnassier frissonnèrent comme celles d'un vautour chauve qui sent un cadavre. Son visage blafard s'illumina des rayonnements d'une vive jouissance intérieure. Sa large bouche aux dents pointues se retroussa des angles, comme en un sourire. Il tortilla furieusement ses moustaches, et, à trois reprises, il *renifla*, sans doute afin de mieux déguster et apprécier des aromes dont rien n'égalait pour lui le charme.

Ceci fait, il détacha et mit sous son bras sa longue rapière, qui n'eût point manqué d'être un obstacle à sa circulation entre les tables et les rangs pressés des buveurs.

Ensuite, plongeant par-dessus les groupes, son regard de tiercelet guettait jusqu'au fond de la salle, ce que sa grande taille lui rendait facile. Il ouvrit le compas de ses longues jambes, et il se dirigea, aussi rapidement que l'encombrement le lui permettait, vers le gros petit homme rouge que nous avons désigné comme le propriétaire de la taverne, et qui répondait aux noms charmants de Jasmin Tonneau, — vulgairement, le *père Tonneau*.

Cette double appellation était, pour les habitués de l'endroit, un sujet de facéties et de bons mots sans cesse répétés et toujours applaudis.

Ainsi, l'un disait à l'hôte :

— Par la mort-Dieu ! j'aime mieux l'odeur du *Tonneau* que celle du *Jasmin !*

Un autre :

— Ohé ! mon compère, ne mets pas *Tonneau* dans ton vin !

Un troisième :

— Je préfère ton vin à *Tonneau*.

Et ainsi de suite, éternellement, avec les combinaisons les plus variées.

Or, hâtons-nous d'ajouter qu'à chaque redite Jasmin Tonneau daignait sourire, — surtout quand il avait affaire à quelque pratique soldant régulièrement et rubis sur l'ongle sa dépense.

Quant aux autres, parfois l'hôtelier n'accueillait point sans une moue et sans un grognement leurs jeux de mots les mieux réussis.

L'homme maigre s'avança vers Jasmin qui, les bras chargés de brocs vides, — brocs de bois, et non point d'argent, comme celui de l'enseigne, — s'en revenait à son comptoir. L'ayant atteint, il se pencha vers lui et fit mine de le serrer dans ses bras — assez longs pour se rejoindre sans peine autour de l'épaisse circonférence du petit homme.

Mais ce dernier esquiva l'accolade, en reculant de deux ou trois pas avec plus de légèreté qu'on n'aurait dû vraisemblablement attendre de son épaisse et lourde carrure.

Le personnage de mauvaise mine ne sembla point se formaliser de cette rebuffade.

— Eh! bonsoir, mon cher hôte!... — s'écria-t-il, — bonsoir, mon digne ami!... — bonsoir, mon excellent petit père Tonneau!... — Comment se comporte, je vous prie, votre précieuse et inestimable santé?

— Merci, merci, monsieur le chevalier... — répliqua Jasmin d'un ton bourru, — je ne vais pas mal, comme vous voyez, — faites-moi passage, car on m'attend...

L'homme maigre ne bougea point.

— Je crois que vous m'avez appelé *monsieur le chevalier?* — fit-il d'un air blessé.

— Sans doute, — insista Jasmin, — n'est-ce pas là le titre qui vous appartient?... A ce que vous dites du moins.

— Oui, par la mort-Dieu!... c'est mon titre! chevalier de La Bricole! cadet d'une maison puissante et riche... qui traite d'égal à égal avec les têtes couronnées!

— Eh bien?

— Eh bien, ce titre, en me le donnant, vous m'offensez!

— Et pourquoi?

— Parce que je vous ai dit, — non pas une fois, mais dix, mais vingt, mais cent, — que je désirais me voir avec vous, ô mon inappréciable ami, sur un pied de tendre familiarité, et que vous me désobligeriez de façon mortelle, si vous m'appeliez jamais autrement que La Bricole, tout simplement.

— Alors, c'est là ce qu'il vous faut?

— Oui, pardieu!

— Et si, le faisant, je vous tutoyais en outre?...

— Vous combleriez mes vœux les plus chers!... — Il me semblerait, ô mon hôte, qu'entre nous, désormais, tout doit être commun... et Dieu sait si je le désire...

— Eh bien, je vais vous satisfaire. — La Bricole, ôte-toi de là, tu me gênes!...

Le chevalier, — puisque rien ne nous empêche, nous, de l'appeler ainsi, — se détourna en riant aux éclats, musique d'un rire un peu contraint.

— Ah! parfait! — s'écria-t-il en suivant pas à pas Jasmin qui venait de passer, — parole d'honneur!...

c'est impayable!... il est pétri d'esprit, ce cher hôte!...
— Aussi vrai que je suis gentilhomme, ô mon petit père Tonneau, je ne connais que l'eau-de-vie, l'excellente eau-de-vie de ton tonneau, qui contienne plus d'esprit que toi !

Et le chevalier, — ce disant, — eut un nouvel accès de bruyante hilarité. Jasmin ne sourcilla pas.

Tous deux, l'hôte et le chevalier, étaient, en ce moment, parvenus près du comptoir.

L'homme maigre allongea la main. Il prit, sur la tablette de bois noir, tout à la fois poudreuse et visqueuse, un petit broc, cerclé en fer, qui pouvait contenir environ une demi-bouteille.

Ce broc était vide.

Le chevalier le tendit à Jasmin, avec un geste de supplication indescriptible.

— Qu'est-ce que vous voulez que je fasse de ça ? — demanda l'hôte.

— Eh quoi !... vous ne devinez pas, bon ami ?

— Ma foi non !...

— Chose étonnante !... — vous, si perspicace ! — Je m'explique, ce broc est vide...

— Eh bien ?

— Remplissez-le.

— De quoi ?

— D'eau-de-vie... — de votre admirable et incomparable eau-de-vie vieille, issue des coteaux du Languedoc... tout aux environs de Cognac.

— Le remplir !... et pour qui ?

— Pour moi, pardieu !... pour votre dévoué La Bricole.

Jasmin secoua la tête d'un air négatif et éminemment goguenard.

— Oh! que nenni! — murmura-t-il.
— Eh quoi, Tonneau, vous me refusez vos bienfaits?
— Parfaitement.
— Et pourquoi donc cet outrage, — être si cher à mon cœur?
— Pourquoi?
— Oui.
— Pour trente-trois raisons...
— Lesquelles?
— Parce que, — et vous le savez aussi bien que moi, — vous me devez trente-trois livres tournois environ, — une livre tournois par raison...

La Bricole prit un air de grandeur offensée.
— N'est-ce que cela? — s'écria-t-il.
— Il me semble que c'est bien assez.
— Ah! fi! Tonneau!... fi! que c'est petit!... — en bonne conscience je devrais à ma dignité de quitter sur-le-champ ces lieux où les saintes lois de l'amitié sont méconnues!... — je devrais secouer sur le seuil de votre porte la poussière de mes semelles en m'écriant : *Tonneau je ne boirai plus de ton eau-de-vie!...* — oui, je le devrais... mais un reste de tendresse me retient encore!... — Je reste, et je vous dis:
— Tonneau, réglons nos comptes.

Le chevalier replaça le petit broc sur la tablette du comptoir, et fit le geste de fouiller à sa poche.
— Quoi! — s'écria Jasmin en le regardant d'un air stupéfait, et avec ses gros yeux écarquillés, — quoi, chevalier, vous payez!...
— Pardieu! — répliqua La Bricole.
— Et intégralement?
— Un homme tel que moi dédaigne les acomptes!...

— Voilà qui va bien, et je vais effacer votre dette... — dit l'hôtelier en prenant dans le comptoir une petite baguette plate toute tailladée de crans et toute zébrée de caractères hiéroglyphiques.

La Bricole fouillait à sa poche plus que jamais.

## III

### DEUX VILAINES FIGURES

— Il y a trente-trois livres, trois sous et quatre deniers, — fit Jasmin après avoir étudié les crans et les hiéroglyphes du morceau de bois, — mais ne parlons que des trente-trois livres... le reste se retrouvera avec autre chose...

Soudain la main de La Bricole — un instant disparue dans les profondeurs de sa poche — reparut.

Elle était vide.

L'homme maigre s'en servit pour tordre sa moustache en s'écriant d'un air tragique :

— Fatalité !...

— Quoi ? — demanda vivement l'hôte, — qu'y a-t-il donc?

— Il y a que j'ai oublié ma bourse!

— Ah! ah!...

— Décidément, le diable s'en mêle !...

— C'est ce que je commence à croire... répliqua Jasmin en goguenardant; il doit se mêler de vos affaires en effet, car il loge dans votre bourse, et vous le tirez sans cesse par la queue!...

— Mon digne ami, ne raillez point! — fit La Bricole.

— Railler !... je n'ai garde !... — comment me permettrais-je, moi, pauvre hère, de railler un si parfait gentilhomme, — un cadet d'une riche et puissante famille qui traite d'égal à égal avec des têtes couronnées !... — Je sais trop bien ce que je dois à monsieur le chevalier pour cela !...

— Toujours gai !... toujours plaisant !... — dit l'homme maigre d'un air aimable, en frappant du plat de sa main sur le gros ventre de son interlocuteur, ce cher Jasmin !... il me donne des coups de boutoir sans dire gare !... eh bien, je l'aime ainsi...

— C'est bien de l'honneur que vous me faites...

— Tenez, mon bien bon — soyez franc avec moi... — convenez que vous n'ajoutez pas foi à cette histoire de bourse oubliée...

— Heu... heu...

— Ah ! ce Jasmin !... quelle perspicacité ! quelle finesse !... on ne peut rien lui cacher !... — Eh bien, vous aviez raison... j'ai ma bourse...

— En vérité !

— Seulement elle est vide...

— Voyez-vous ça !...

— Mais cet état précaire n'est que momentané... — dès demain, je rentre dans une somme importante...

— Tant mieux pour vous.

— Je touche des fonds que m'envoie ma noble famille...

— Cela fait son éloge.

— Jasmin, ne me croyez-vous point ?

— Fort peu.

— Sur ma foi de gentilhomme, je vous jure que je dis la vérité...

— Tant mieux, car alors, étant en argent, vous me payerez.

— Oui, Jasmin, — et avec une volupté pure, — mais en attendant...

— En attendant?...

— Montrez-vous un ami véritable, — sachez reconnaître la confiance que je vous témoigne... — Ouvrez-vous pour moi, ô Tonneau!...

— Ah! que nenni!...

— Jasmin, cher Jasmin, la soif me dévore...

— Allez vous désaltérer ailleurs...

— Laissez-vous fléchir...

— Tarare!...

— Je meurs de la pépie...

— Point d'affaires!...

— Une tigresse vous a abreuvé de son lait!...

— Je ne vous abreuverai point de mon vin...

— Donnez-moi à boire... demain je payerai.

— Payez aujourd'hui, et vous boirez...

Arrivé à ce point, La Bricole comprit qu'il était inutile de pousser plus avant un dialogue qui ne le conduirait point à son but, et que ses supplications se briseraient contre une résolution inébranlable.

Il redressa sa haute taille, il affila les crocs menaçants de ses moustaches, et, s'efforçant de donner à sa physionomie et à toute sa personne quelque chose de majestueux, il s'écria :

— Je ne m'abaisserai pas davantage devant vous, lourde panse bouffie d'orgueil et doublée de sottise! — il est des gens, mieux avisés que vous, qui s'empresseront de me cautionner, et ces gens, peut-être, ne sont pas loin...

—Monsieur le chevalier, — dit Jasmin avec ironie, — je le souhaite pour vous.

L'homme maigre poursuivit :

— Avez-vous eu l'honneur de voir aujourd'hui mon noble ami, don Gusman-Perez-Alonzo Belcolor y Fueros, y Panamas, y Tulipano ?

— Non, de par tous les diables ! — s'écria Jasmin, — non, je ne l'ai pas vu et j'en rends grâces au ciel, — et je souhaite de tout mon cœur ne revoir jamais, ni peu ni beaucoup, ni de loin ni de près, sa vilaine figure !...

— Hôtelier ! — fit La Bricole avec un courroux plein de solennité, — savez-vous bien que vous insultez un grand d'Espagne !...

— Joli, le grand d'Espagne !... et jolie la grandesse !... — le diable m'emporte, chevalier de La Bricole, si j'avais beaucoup de pratiques comme ce Tulipano et vous, il ne me resterait qu'à fermer boutique... — Si vous tenez à rencontrer votre damné compère, allez donc le chercher hors de chez moi, car j'espère bien qu'il n'y remettra jamais les pieds...

Et, après avoir prononcé ces dernières paroles, Jasmin Tonneau tourna le dos à La Bricole et se dirigea du côté de quelques buveurs qui, depuis un instant, l'appelaient à grands cris.

Le chevalier, l'œil morne et le gosier sec, pirouetta sur ses talons et se disposa à quitter ce logis peu hospitalier, en fredonnant philosophiquement ce premier couplet de sa chanson, — couplet dont il était à même, plus que jamais en ce moment, d'apprécier la parfaite justesse :

> Monnaie,
> Monnaie,
> Il n'est pas, sans toi, de bonheur !...
> Tout homme
> Te nomme
> Un vrai brevet de grand seigneur !

**Déjà** il atteignait le seuil de la taverne du *Broc d'Argent*, quand la porte s'ouvrit.

Un personnage, — plus bizarre encore peut-être que La Bricole, — entra.

Deux cris joyeux partirent à la fois, et l'arrivant, se jetant dans les bras du chevalier qui lui rendit avec effusion cette chaude accolade, s'écria avec un accent étranger très prononcé :

> Ah ! puisque je rencontre un ami si fidèle,
> Ma fortune va prendre une face nouvelle !...

— C'est plutôt la mienne, — murmura La Bricole à part lui, — pourvu toutefois que Tulipano ait de l'argent !...

**Don** Gusman-Perez-Alonzo Belcolor, y Fueros, y Panamas, y Tulipano, — car c'était bien lui qui venait d'entrer, — avait, nous le répétons, une apparence plus extravagante encore que celle du chevalier.

La taille de ce prétendu grand d'Espagne était pour le moins aussi haute que celle de son ami, avec lequel il pouvait lutter de maigreur.

Son visage, presque aussi basané que celui d'un mulâtre, était taillé — comme on dit vulgairement — en lame de couteau.

**Dans** cette figure olivâtre, on ne distinguait que

deux traits, — un nez prodigieusement long et tranchant, et un œil d'un éclat insoutenable.

Nous disons *un œil*, — et nous le disons à dessein.

En effet, soit que Tulipano fût borgne naturellement, — soit tout autre motif, — un bandeau de taffetas noir couvrait entièrement son orbite gauche.

Un costume de velours jadis noir, maintenant blanchi et semblable, en plus d'un endroit, à une guipure, tant d'épaisses reprises s'enchevêtraient dans son tissu déchiré, — dessinait avec une déplorable exactitude les maigres formes et les membres quasi diaphanes de l'Espagnol.

Sa tête longue et pointue disparaissait entièrement sous les larges bords du sombrero national.

Il portait sur l'épaule, avec une fierté théâtrale, le petit manteau castillan. Mais, quel manteau!... Celui de don César de Bazan, — cette guenille de génie, dans laquelle Frédérick se drapait si bien, — n'aurait pu qu'en donner une idée imparfaite.

Ici encore nous sommes forcé de renvoyer nos lecteurs aux fantaisies du grand Callot.

L'épée de Tulipano, — épée à la garde d'acier terni, — avait au moins trois pouces de plus que l'interminable brette du chevalier de La Bricole.

Cette épée, sur la poignée de laquelle s'appuyait sa main gauche, soulevait avec grâce le bord effrangé de son manteau.

Après cette chaude embrassade dont nous avons parlé, le chevalier dit à l'Espagnol :

— A l'instant je te demandais...
— Je pensais bien te trouver ici...
— Quel bon vent t'amène ?

— La soif.
— Ah ! tu as soif aussi, toi ?... Comme moi alors...
— Oh ! plus que toi !
— C'est impossible !...
— Nous verrons qui boira le plus...
— C'est ça, buvons ! — Mais qui payera ?
— Toi, pardieu !
— Non pas.... et pour cause... — je suis à sec.
— Et moi, je n'ai pas le sou !
— Tu plaisantes !

Tulipano frappa sur son gousset, — prouvant ainsi, d'une façon irrécusable, que cette prétendue plaisanterie était une triste réalité.

— Cruel destin ! — soupira le chevalier, — le sort nous accable !... — moi qui comptais si bien sur toi !...
— Et moi sur toi !...
— Comment donc faire ?
— Buvons à crédit.
— Impossible !... — Jasmin Tonneau est intraitable... et d'ailleurs, tu m'as paru fort mal dans ses papiers tout à l'heure...
— Sans doute à cause d'une bagatelle que je dois à ce croquant...
— Peut-être bien ; — c'est un homme sans délicatesse, et qui ne comprend point tout l'honneur que lui font des gentilshommes comme nous en daignant honorer son bouge de leur présence !...
— C'est un cuistre !
— C'est un faquin.
— Et avec tout cela, nous mourons de soif.
— J'entrevois un expédient...

— Voyons un peu...

— La nuit est belle, — sortons d'ici, — allons nous embusquer au coin de la prochaine rue, et quand nous verrons arriver quelque bonne face de bourgeois, mettons flamberge au vent et montrons-nous... Ce serait bien le diable si le croquant n'avait point dans sa poche quelques vieux écus rognés qui nous désaltéreront ce soir...

— Admirable !... — tu as toujours de bonnes idées...

Les deux compagnons allaient sortir pour mettre leur louable projet à exécution, — mais un incident imprévu les arrêta.

# IV

## UN NOUVEAU VENU DE BONNE MINE

Tandis qu'avait lieu, entre le chevalier de La Bricole et le grand d'Espagne Tulipano, l'étrange colloque auquel nous venons d'initier nos lecteurs, — un troisième personnage, inaperçu de nos deux compères, venait d'entrer dans la taverne.

A coup sûr, ce personnage n'était point un habitué de l'endroit.

En pénétrant dans ces vapeurs aussi infectes, aussi asphyxiantes que celles du Styx mythologique, il avait évidemment failli se trouver suffoqué, et il avait porté tout aussitôt sur ses narines un mouchoir de fine batiste, imprégné d'eau de Portugal.

Ce personnage, comparé à tous les commensaux de la taverne du *Broc d'Argent*, pouvait passer pour un homme de fort bonne mine.

Sa taille, un peu au-dessus de la moyenne, aurait été bien prise, sans un léger commencement d'embonpoint qui en alourdissait les contours.

Sa jambe, fine encore, et pourvue d'un mollet nerveux et bien détaché, se dessinait à merveille dans des bas de soie noirs, admirablement tendus.

Tout le costume du nouveau venu était simple et de couleurs peu voyantes, mais remarquable par le luxe de propreté et de soin qui avait présidé aux moindres détails, — depuis la cravate, garnie d'une assez jolie dentelle de Malines — jusqu'aux souliers, bien luisants et garnis de leurs boucles d'argent.

Le porteur de ce costume semblait être quelque bourgeois aisé, ou quelque commerçant fort bien vu dans son quartier. Tout ce qu'on pouvait dire de son âge, c'est qu'il n'avait pas moins de quarante-cinq ans, et pas beaucoup plus de cinquante.

Sa main, potelée et assez blanche, s'appuyait sur une haute canne, — dite à *bec de corbin*. — Il marchait d'un pas lent, mesuré, et qui visait évidemment à la majesté.

Au premier regard, sa figure large, presque carrée, et enluminée d'un épais vermillon, — surtout aux environs du nez et des pommettes, — offrait un grand air de bonhomie et de jovialité, entre les petits boudins bien serrés de sa perruque poudrée à frimas.

Mais au second coup d'œil, il était impossible — pour si peu que l'on fût observateur — de se laisser prendre à cette apparente bonhomie.

Le front bas et déprimé accusait des instincts pervers et des vices non réprimés. Les yeux, très couverts, clignotants et indécis, semblaient ne pouvoir regarder personne en face, — leur regard fuyait sans cesse devant un regard franc et loyal. La bouche, malgré ses lèvres épaisses et sensuelles, avait un mauvais sourire.

Mais, nous le répétons, tout ceci, dans le premier moment, offrait un air de jovialité qui faisait plaisir à voir.

L'inconnu s'avança jusqu'auprès du comptoir où Jasmin Tonneau se trouvait en ce moment.

L'hôte, voyant venir à lui ce personnage de grande mine, et dont le gousset devait être amplement garni, ôta son bonnet de coton bariolé de rayures blanches et rouges, et salua respectueusement.

— Monsieur, — dit l'inconnu, — c'est vous sans doute qui êtes le propriétaire de cet établissement ?...

— Oui, monsieur... Jasmin Tonneau... pour vous servir, si j'en étais capable.

L'inconnu poursuivit :

— Et c'est bien ici, j'imagine, la taverne du *Bro d'Argent* ?

Jasmin répondit affirmativement.

L'inconnu tira de sa poche un petit carré de papier, sur lequel étaient écrites quelques lignes qu'il relut avec attention.

— Vous devez connaître, — reprit-il ensuite, — un individu de fort mauvaise mine...

— J'en connais même plusieurs, — répondit Jasmin en riant, — les mauvaises mines sont plus communes ici que les bonnes...

— Le signalement de l'homme que je cherche est caractéristique...

— Voyons un peu.

L'inconnu lut à haute voix :

— « Taille — très-élevée.

» Maigreur — prodigieuse.

» Nez — fort long et en façon de bec de vautour.

» Bouche — large et sans lèvres.

» Moustaches — noires, pointues et gigantesques.

» Dents — longues et écartées.

» Costume — en mauvais état, moitié militaire et moitié bourgeois.

» Epée — à garde de cuivre — véritable brette de coupe-jarrets... »

— Ah ! mais ! — s'écria Jasmin Tonneau en interrompant la lecture, — je connais ça !... je connais ça !...

— Attendez, — fit l'inconnu, je n'ai pas fini...

Et il reprit :

« — Age — ignoré.

» Profession — multiple.

« Domicile — inconnu ; — cependant on le trouve, presque tous les soirs, à la taverne du *Broc d'Argent*.

» Nom — La Bricole — et prenant le titre de chevalier. »

— La Bricole ! répéta Jasmin, — c'est précisément le nom que j'allais vous dire... — le drôle était trop ressemblant pour ne pas le reconnaître sans hésiter...

— Ainsi, vous connaissez ce La Bricole ?

— Que trop !

— Est-il ici, ce soir ?

— Il y était tout à l'heure...

Jasmin regarda à droite et à gauche, puis il reprit :

— Et, tenez, le voilà justement là-bas, près de la porte, avec un autre digne personnage dans son genre, un grand d'Espagne, — don Gusman de Tulipano...

— Auriez-vous l'obligeance de le prévenir que quelqu'un qu'il ne connaît point, mais qui lui veut du bien, désire l'entretenir pendant un instant...

— J'y vais, monsieur...

— Attendez, — n'auriez-vous point quelque endroit isolé où il nous serait possible de nous rafraîchir, tout en causant, sans avoir autant de monde autour de nous ?...

— J'ai ce qu'il vous faut, un petit cabinet à l'étage au-dessus.

— A merveille. — Allez chercher ce La Bricole, je vous prie...

L'inconnu parlait avec le ton d'autorité d'un homme habitué à être obéi sur-le-champ.

Jasmin savait que, presque toujours, les gens qui commandent ainsi payent largement. Aussi s'empressa-t-il de se diriger du côté de La Bricole et de Tulipano.

Les deux honnêtes gens, — après être convenus de leurs faits, — s'apprêtaient à aller tenter la fortune en un guet-apens.

Jasmin mit sa main sur l'épaule du chevalier.

Ce dernier tressaillit et se retourna vivement.

— Hôte de malheur ! — dit-il, — qu'est-ce que vous me voulez ? — Sentiriez-vous donc quels torts vous avez eus ce soir avec moi, et viendriez-vous les réparer ?...

— Je ne viens rien réparer du tout, monsieur le

chevalier de La Bricole, — je viens vous dire qu'il y a là quelqu'un qui désire vous parler...

— Quelqu'un ?

— Oui.

— A moi ?

— Oui.

La Bricole pâlit sous sa pâleur.

— Un exempt... — peut-être, murmura-t-il.

— Je ne crois pas, — répondit Jasmin.

— Mais qui donc, alors ?

— Un particulier de bonne mine, — que je ne connais pas plus que vous... il compte d'ailleurs arroser la conversation, car il a parlé du cabinet de là-haut, et de rafraîchissements...

— Mille diables !... — s'écria La Bricole, — c'est bien différent !... — j'y cours !...

— Et moi ? — demanda piteusement Tulipano, — pendant que tu vas te désaltérer, que ferai-je ?

— Tu m'attendras là, sans bouger.

— Comme c'est gai !

— Ecoute. — Il s'agit sans doute de quelque bonne affaire qu'on vient me proposer... — Tu sais... tu comprends ?... — Je ferai en sorte qu'on ait besoin de toi, et je te viendrai chercher incontinent.

— J'y compte... — dit Tulipano, un peu rassuré par cette promesse.

— Me voici à vous, petit Tonneau ! — s'écria alors La Bricole ; — présentez-moi au noble étranger qui désire causer avec moi...

Et il suivit l'hôte, tout en fredonnant :

   Le riche
   Se fiche

Des ennuis et des mauvais jours !...
> Sans cesse
> S'empresse

Sur ses pas le dieu des amours !...

— Monsieur, dit l'hôte à l'inconnu, — tandis que l'homme maigre portait militairement la main à son chapeau lampion, — voici monsieur le chevalier de La Bricole...

— Fort enchanté de faire votre connaissance, monsieur... — ajouta l'ami de Tulipano.

L'inconnu s'inclina d'une façon assez dégagée, et, se tournant vers Jasmin, il dit :

— Conduisez-nous, je vous prie, à ce cabinet dont vous m'avez parlé, et montez-nous du vin ou de l'eau-de-vie, enfin de ce qui plaira davantage à M. de La Bricole.

— Monte de l'un et de l'autre, Tonneau ! — dit vivement le chevalier, — avec un saladier bien solide et beaucoup de sucre ; — nous ferons brûler de l'eau-de-vie... c'est très salutaire pour l'estomac... et je crois que le mien est un peu délabré, — je suis d'une nature si délicate !...

Jasmin prit une petite lampe de fer, et, faisant signe à l'inconnu et au chevalier de le suivre, il traversa avec eux la salle dans toute sa longueur ; — il gagna un escalier, ou plutôt une échelle de meunier qui conduisait à l'étage supérieur. Là, il ouvrit une porte et il introduisit ses compagnons dans une pièce de moyenne dimension, dont les murailles étaient absolument nues, et qui n'avait d'autres meubles qu'une table carrée, placée au milieu, et quelques chaises de bois.

Il plaça la lampe sur la table.

Puis il sortit, en annonçant qu'avant deux minutes il reviendrait apporter les rafraîchissements demandés.

La Bricole posa sur deux chaises son chapeau lampion et son immense brette.

## V

### TRIO DE COQUINS

Tant que dura l'absence de Jasmin Tonneau, il n'y eut pas une seule parole échangée entre l'inconnu et le chevalier de La Bricole.

Les deux hommes se regardaient du coin de l'œil et semblaient s'étudier réciproquement.

Enfin l'hôtelier reparut. Il déposa sur la table trois grandes mesures d'étain, dont l'une était pleine d'eau-de-vie, et les deux autres de vin. Il y joignit un immense saladier en faïence bleuâtre, à fleurs rouges, curieux échantillon de poterie, qu'un amateur payerait aujourd'hui au poids de l'or, — une assiette remplie de morceaux de sucre, — une grande cuiller de fer, — des gobelets de fer-blanc, et un paquet d'allumettes, faites de petits tuyaux de chanvre trempés dans le soufre par les deux bouts.

Ceci fait, il se retira après avoir dit :

— Vous êtes servis, mes gentilshommes...

La Bricole et l'inconnu s'assirent en face l'un de l'autre.

La Bricole commença par verser dans le saladier tout le contenu de la mesure d'eau-de-vie. Puis, au moment d'y joindre le sucre, il s'interrompit, et il demanda à l'inconnu, qui le regardait faire sans rien dire :

— L'aimez-vous bien sucrée, monsieur ?

Celui auquel il s'adressait répondit :

— Ne vous occupez pas de moi, chevalier, et faites comme pour vous...

— Je tiens cependant, monsieur, à ce que ce breuvage vous plaise... et j'ajouterai que je ne voudrais point rester au-dessous de la petite réputation que je me suis acquise en le préparant...

— Réputation dont je vous crois digne...

— Vous en serez juge.

— Non, car je ne boirai pas.

La Bricole regarda son interlocuteur pour s'assurer s'il parlait sérieusement.

Ne pouvant conserver aucun doute à cet égard, il s'écria :

— Ah ! bah ! — voici qui va mal... j'aime à trinquer...

— Vous vous en passerez pour ce soir.

— Il le faudra bien... — soupira La Bricole, en mettant le feu à l'eau-de-vie, qui répandit aussitôt une flamme vive et joyeuse, tantôt pourpre et tantôt bleuâtre.

— Nous avons à causer, — reprit l'inconnu.

— Je m'en doutais.

— Etes-vous en mesure de m'écouter avec attention ?

La Bricole appuya ses deux coudes sur la table, et fit des paumes de ses deux mains un point d'appui pour son menton anguleux.

— Je suis tout oreilles... — dit-il.

— Dans ce cas, j'entre en matière sans périphrases, — c'est ma manière...

— Et c'est la bonne !

— J'ai besoin d'un hardi coquin...

La Bricole salua.

— Et vous avez pensé à votre serviteur... — fit-il, c'est beaucoup d'honneur que vous me faites

Sans se préoccuper de cette interruption, l'inconnu continua :

— On vous a indiqué à moi comme un homme de sac et de corde — un bandit sans foi ni loi, un mécréant, — un sacripant, digne de la potence et de la roue...

A chacun des mots de cette énumération, le chevalier tordait sa moustache et ébauchait un petit salut.

— Allons, — s'écria-t-il, — je vois qu'on n'a point flatté mon portrait... — mais il est ressemblant... — je l'achèverai en quelques mots qui en diront plus que bien des grandes phrases.

— Et, ces quelques mots ?

— Les voici : — *Pourvu que l'on me paye, je suis capable de tout...*

— A merveille ! je vois qu'on ne m'avait pas trompé.

— Jurez-en hardiment ! — laissez-moi goûter cette eau-de-vie brûlante, et dites-moi de quoi il s'agit.

— Oh ! mon Dieu, d'une chose fort simple...

— Tant pis !

— Pourquoi ?

— Parce que, plus ce qu'on demande est difficile, et plus cher on paye, — c'est logique...

— Parfaitement raisonné, — mais, quoique la chose soit un jeu d'enfant, on payera royalement.

— A la bonne heure ! — ceci étant posé, *Chatouilleuse* et moi, nous sommes à votre disposition...

— *Chatouilleuse ?* — répéta l'inconnu avec un accent d'interrogation.

— C'est ma rapière, — répondit La Bricole en souriant, — je lui ai donné ce petit nom d'amitié, parce qu'elle est comme son maître, fort châtouilleuse sur le point d'honneur...

— J'espère, — dit l'inconnu, — que vous n'aurez pas besoin de la dégaîner.

— Vraiment ? — Il ne s'agit donc point de quelqu'un de qui vous voulez vous débarrasser ?...

— En aucune façon.

— Expliquez-vous alors, car je ne vous comprends pas.

— Il est question d'un enlèvement, — dit l'inconnu.

La Bricole appuya l'un de ses doigts sur son œil gauche, et il eut un accès de rire silencieux

— L'enlèvement rentre aussi dans ma spécialité, — dit-il ensuite, — et je le pratique avec quelque succès... — mais je dois vous prévenir d'avance qu'un enlèvement, c'est assez cher...

— Soyez tranquille, — vous ferez votre prix, et on ne marchandera pas avec vous.

— Allons, vous entendez les affaires... — Qui faut-il enlever ? — Est-ce une fille ? — une femme ? — une veuve ?

— C'est une jeune fille.

— De quelle classe ?

— Oh ! mon Dieu, tout simplement du petit peuple.

— L'affaire ira de soi ! — Le nom et l'adresse, s'il vous plaît ?

— Vous les aurez demain.

— Pourquoi pas aujourd'hui ?

— Parce que celui pour le compte duquel vous agirez se réserve de vous les donner lui-même.

— *Celui pour le compte duquel j'agirai !...* — répéta La Bricole, — ah çà ! ce n'est donc pas vous qui me faites travailler ?

— Non, en vérité.

— Et, qui donc ?

— Mon maître.

— Un grand seigneur, alors ?

— Vous pouvez en jurer, — un très grand seigneur...

— Dont vous êtes ?...

— L'intendant, le factotum et le Mercure galant...

— Je comprends, — et, ce grand seigneur, comment s'appelle-t-il ?

— Peu vous importe de savoir son nom pourvu que vous connaissiez son or.

— Cependant, pour lui rendre compte de mes démarches... pour lui conduire la tourterelle après l'enlèvement...

— Tout cela sera prévu, — ne vous inquiétez donc de rien.

— Aussi fais-je, — et je bois à la santé du grand seigneur qui veut garder l'incognito.

— Je pense, — reprit l'inconnu, — que vous aurez besoin de vous adjoindre un compagnon...

— Cela n'est pas douteux.

— Connaissez-vous quelqu'un ?
— Oui, oui, j'ai mon affaire.
— Un homme sûr ?
— J'en réponds comme de moi-même, — nous travaillons toujours ensemble... — mais tenez, il est là, sous ma main... je vais vous le montrer...

Et sans attendre la réponse de son interlocuteur, La Bricole ouvrit la porte du cabinet, se pencha vers la salle basse, et cria d'une voix tonnante :

— Hé ! Tulipano... ici...

Le grand d'Espagne obéit à cet appel, comme un chien docile.

Une minute et demie ne s'était point écoulée, que ce personnage grotesquement sinistre apparaissait dans le cadre de la porte, avec son bandeau sur l'œil — son large sombrero — son manteau castillan et sa Durandal interminable.

Tulipano salua gravement et cérémonieusement l'inconnu, puis, sans attendre qu'on l'y invitât, il s'assit et se versa coup sur coup deux larges rasades d'eau-de-vie brûlante qu'il avala comme si son gosier eût été doublé de fer-blanc.

En quelques mots La Bricole le mit au courant des ouvertures qui venaient de lui être faites.

Tulipano agita la tête en signe d'acquiescement silencieux.

— Ainsi, — demanda le chevalier à l'inconnu, — vous dites que votre maître se réserve de nous mettre au courant des détails que nous devons connaître avant d'agir ?...

— Oui.

— Nous le verrons donc ?

— Sans doute.
— Quand?
— Demain.
— A quelle heure?
— Entre neuf et dix heures du soir.
— Où?
— Je ne sais encore.
— Et, comment le saurons-nous, nous ?
— Vous m'attendrez dans cette taverne où je viendrai vous prendre.
— A merveille, — et, quant au prix?...
— Je vous répète que vous le fixerez vous-même ; — si mon maître est content de vous, sa libéralité n'aura pas de bornes...
— Content ! il le sera, mordieu!...
— Alors vous le serez aussi.
— J'aurais une demande à vous faire... — reprit La Bricole après un silence, avec quelque hésitation.
— Faites.
— Mais je crains qu'elle ne vous paraisse indiscrète...
— Dites toujours.
— Eh bien, vous conviendrait-il de nous octroyer un léger à-compte?... — je tiendrais infiniment à désintéresser dès ce soir ce brigand de Jasmin Tonneau.
— Combien vous faudrait-il?
— Oh ! une bagatelle...
— Dix louis vous sembleraient-ils suffisants?

La Bricole n'en croyait pas ses oreilles et Tulipano fit un bond, malgré la gravité tout espagnole qu'il affectait.

— Vous dites? — s'écria le chevalier.

L'inconnu répéta.

La Bricole tendit la main en disant :

— Je pense en effet que cela pourra nous suffire.

— Alors voici la somme.

Dix pièces d'or tombèrent dans la main ouverte du chevalier, qui referma tout aussitôt et avidement ses doigts crochus.

L'inconnu reprit son chapeau et sa canne à bec de corbin.

— A demain soir, — dit-il en se dirigeant vers l'escalier — je compte sur vous...

— A la vie, à la mort !... mon noble ami !... cria La Bricole en proie au délire de l'enthousiasme.

## VI

#### MONSEIGNEUR

Les deux honnêtes gens restés vis-à-vis l'un de l'autre se regardèrent en riant, — comme les augures de l'ancienne Rome.

Puis La Bricole remplit d'eau-de-vie brûlée les deux gobelets, vida le sien d'un trait, et, frappant du poing sur la table, il s'écria :

— Qu'en dis-tu ?

— Bonne affaire !... — répondit le grand d'Espagne.

— La poule aux œufs d'or, mon digne ami !... — Il s'agira de la plumer sans la faire crier...

— Nous sommes de force.

— Je m'en pique. — A propos, te faut-il de l'argent ?

— Pardieu !

— Combien veux-tu ?

— La question me paraît plaisante !...

— Pourquoi donc ça ?

— Mais, tu as reçu dix louis, — il m'en revient cinq.

— Non pas.

— Comment ?

— C'est moi qui suis la cheville ouvrière de l'affaire, — c'est moi qu'on cherchait, — c'est moi qui t'ai racolé. En bonne justice je ne te devrais que le quart des bénéfices... — mais je tiens à me montrer grand et à ce que tu sois content de moi, — voici trois louis.

Tulipano, tout en grommelant sur l'irrégularité de ce partage, empocha la somme.

Les deux buveurs, après avoir achevé l'eau-de-vie, vidèrent la double mesure de vin.

Ensuite ils regagnèrent la salle basse.

La Bricole marchait fièrement — la tête haute, — le jarret tendu, — la moustache plus en croc que jamais, — bref il affichait cet aplomb de l'homme qui a de l'or dans sa poche, et, du bout des dents, il fredonnait ces couplets de sa chanson favorite, tout en y introduisant une légère variante que la situation présente justifiait :

> En course,
> *Ma* bourse
> Se gonfle au lieu de s'aplatir !...
> Aucune
> Fortune
> Pour *moi* ne manque d'aboutir,
> Bouteille
> Vermeille
> Dans *mon* cellier point ne tarit !...
> Et fille
> Gentille
> Tout à belles dents *me* sourit !

Comme il achevait de perler la cadence de ce dernier vers, il se trouva face à face avec l'hôte de la taverne.

— Eh bien, mon petit père Tonneau, — lui dit-il en lui frappant familièrement sur le ventre, — vous voyez bien qu'il était écrit là-haut que je boirais chez vous ce soir...

— Mais il était écrit également, monsieur le chevalier, — que ce ne serait pas vous qui payeriez...

— Ah ! vous croyez ça ?...

— Dame ! ça m'en a l'air, — le particulier de tout à l'heure a soldé la dépense...

— C'était son droit et son devoir... — mais notre ancien compte... ce compte qui vous tenait tant à cœur, vous n'en parlez plus ?...

— A quoi bon en parler, puisque ce seraient des paroles perdues ?...

— Peut-être.

— Parlons-en donc, mais pas longtemps, car je suis pressé...

— Et moi !.. croyez-vous que je ne le sois pas ?...

— J'ai rendez-vous pour ce soir avec deux comtesses et trois marquises... — Passons au comptoir, père Tonneau...

— Pourquoi faire ?

— Pour que je solde cette misère... cette bagatelle... trente-trois livres...

— Me jouez-vous encore, chevalier... allez-vous de nouveau avoir oublié votre bourse ?...

— Je l'ai retrouvée, mon bon..

Jasmin Tonneau hocha la tête d'un air d'incrédulité. Cependant il se dirigea vers le comptoir et reprit en main la baguette hiéroglyphique dont nous avons déjà parlé.

La Bricole tira de sa poche deux louis, et, les jetant

à l'hôtelier d'un air de grand seigneur, il lui dit majestueusement :

— Bonhomme, payez-vous !...

— Ah ! fichtre !... — s'écria Jasmin.

— Ma monnaie, s'il vous plaît, Tonneau.

— Voilà, chevalier, voilà. — Ah çà ! mais le particulier de tout à l'heure vous apportait donc le Pérou dans sa poche ?...

— A peu près.

— Il arrivait, ma foi, fort à propos pour vous !... qui diable ça pouvait-il être ?...

— Quoi, vous n'avez pas deviné ?

— Ma foi, non.

La Bricole se gonfla comme la grenouille de la fable de La Fontaine et il répondit, en se carrant :

— C'est l'intendant de ma noble famille, — celui dont je vous parlais il y a une heure. — Il m'apportait ce soir quelques fonds, — demain il doit me compléter cent mille livres, et, la semaine prochaine, je compte acheter une compagnie dans Royal-Champagne. — Père Tonneau, pourriez-vous vous charger du diner de bienvenue qu'il sera de bon goût d'offrir à mes camarades les officiers ?

Jasmin eut l'air de prendre fort au sérieux cette gasconnade, et répondit affirmativement.

— Et votre ami, don Gusman de Tulipano, — reprit-il ensuite, — a-t-il aussi reçu des subsides ?

L'Espagnol s'approcha gravement.

— Payez-vous, — dit-il à son tour, en jetant une pièce d'or à Jasmin.

— Allons, — murmura ce dernier, en rendant trois livres au grand d'Espagne qui lui en devait vingt et

une, — c'est aujourd'hui la soirée aux miracles !...
J'espère, mes gentilshommes, — ajouta-t-il ensuite, — que vous me conserverez votre honorable pratique...

— Ah ! nous ne le devrions peut-être point, — dit La Bricole, car vos procédés envers nous ont été mesquins... Mais nous sommes bons jusqu'à la faiblesse... nous reviendrons.

— Tous les tonneaux qui se trouvent ici, — moi compris, — sont à votre disposition... dit Jasmin en jouant agréablement sur les mots.

— Pardieu ! j'y compte, — répliqua le chevalier ; — je retiens le cabinet pour demain soir, — vous aurez soin d'y mettre quantité d'eau-de-vie, et de votre plus vieille, — car c'est là que l'intendant de ma noble famille viendra me demander.

— C'est convenu.

La Bricole et Tulipano quittèrent la taverne et s'acheminèrent vers un tripot fangeux, situé dans la rue Saint-Antoine, et où quelques individus dans leur genre exploitaient de malheureux *pigeons* fourvoyés, avec des cartes préparées et des dés pipés.

Ils y passèrent fort agréablement le reste de la nuit.

Le lendemain soir, dès huit heures, nos personnages s'attablaient dans le cabinet que nous connaissons.

Une demi-heure environ après leur arrivée, la porte

s'ouvrit pour laisser pénétrer auprès d'eux le mystérieux intendant du grand seigneur inconnu.

La Bricole et Tulipano le saluèrent jusqu'à terre.

— Etes-vous prêts? — demanda-t-il.

— Toujours! — répliqua le chevalier.

— Alors, venez. Mon maître attend!

— Où?

— Vous verrez.

— C'est juste.

Les trois hommes quittèrent ensemble la taverne.

L'intendant leur fit monter la rue Saint-Antoine, dans la direction de la place de la Bastille.

La prison d'Etat dessinait à peine, sur le ciel sombre, les profils imposants de ses donjons et de ses tours, — les ténèbres étaient profondes et la solitude absolue.

— Nous approchons, — dit l'intendant.

— Quel titre devrai-je donner à votre maître? — demanda La Bricole.

— Appelez-le *monseigneur*.

— Suffit.

Derrière la forteresse se trouvait un terre-plein, — désert le jour, à plus forte raison la nuit. Sur ce terre-plein stationnait un carrosse attelé de deux chevaux noirs. Ce carrosse ne portait pas d'armoiries, et ses lanternes étaient éteintes.

L'intendant s'avança jusqu'auprès de l'une des portières.

— Monseigneur, — dit-il, — voilà l'homme.

— Bien, — répondit une voix de l'intérieur du carrosse, — qu'il vienne me parler...

L'intendant poussa La Bricole qui s'approcha de la

portière, son chapeau lampion à la main et en courbant sa longue échine, comme s'il avait été possible de voir ses saluts.

— Me voici aux ordres de monseigneur... — dit-il d'un ton qui n'avait plus rien de son arrogance accoutumée.

— Vous savez déjà de quoi il s'agit ? — demanda la voix.

— Oui, monseigneur, — je sais qu'il s'agit d'un enlèvement, — et je mettrai tous mes soins à justifier la confiance...

La voix interrompit le chevalier.

— Ecoutez, — dit cette voix. — La personne qu'il s'agit d'enlever se nomme Nanette Lollier... — Vous souviendrez-vous de ce nom ?

— Parfaitement, monseigneur.

— La jeune fille a quinze ans, elle habite avec sa famille dans la rue Aubry-le-Boucher...

— A merveille, monseigneur.

— Sa famille est tout ce qu'il y a au monde de plus petit peuple... mais ses parents sont des gens honnêtes et considérés dans leur quartier... le père est employé à la Halle... — la mère est marchande de marée... — Il y a huit enfants, — le fils aîné est sergent aux gardes françaises, — Nanette est la plus jeune de la famille... — vous retiendrez tous ces détails ?...

— Je n'en oublierai pas un mot, monseigneur.

— La petite est très entourée, — très surveillée, — très connue — très aimée de tous ses voisins... — il faut éviter avec soin tout éclat, — tout scandale, — l'enlèvement sera difficile...

— Un zèle comme le mien, monseigneur, redouble avec les obstacles.

— Je tiens à ce que ce soit une affaire faite dans huit jours...

— Avant, monseigneur, — avant !

— Examinez dès demain la position, et prenez rendez-vous avec mon intendant pour lui rendre compte de vos démarches...

— Oui, monseigneur.

— Vous vous entendrez avec lui, relativement aux moyens que vous jugerez convenable d'employer...
— Seulement, — il ne doit paraître en quoi que ce soit dans tout ceci.

— Soyez tranquille, monseigneur.

— L'argent dont vous aurez besoin ne vous manquera pas... et, quand vous aurez réussi, je saurai récompenser dignement votre activité...

— Que de bontés, monseigneur !

— Le jour où vous remettrez la jeune fille entre les mains de qui de droit, vous toucherez trois cents louis.

— Plutôt que de ne pas réussir, je me ferais tuer trois cents fois.

— C'est bien.

La Bricole, à l'accent avec lequel furent prononcées ces paroles, comprit que l'entretien était fini.

Il salua de plus belle.

La voix appela :

— Grain-d'Orge...

— Me voici, monseigneur, — répondit l'intendant.

— Donne de l'argent à cet homme, et prends rendez-vous avec lui.

— Oui, monseigneur.

Le carrosse partit au grand trot de ses chevaux, et disparut dans l'obscurité.

— Voici quinze louis, — dit au chevalier l'intendant que nous venons d'entendre appeler *Grain-d'Orge*, — un nom de guerre sans doute. — Demain soir j'irai vous rejoindre à la taverne du *Broc-d'Argent*. — D'ici là, bonne besogne et n'oubliez rien...

— *Rue Aubry-le-Boucher*, — *Nanette Lollier*, — vous voyez que je me souviens. — Soyez tranquille, et comptez sur moi.

— A demain, donc.

— A demain.

L'intendant se perdit dans les ténèbres, comme avait disparu le carrosse.

La Bricole se rapprocha de Tulipano, qui s'était tenu un peu à l'écart, sur la recommandation de Grain-d'Orge.

— Combien t'a-t-on donné ce soir? — demanda le grand d'Espagne.

— Combien? — répéta le chevalier qui songeait à nier qu'il eût rien reçu.

— Oui. — J'ai entendu le bruit de l'or.

— Eh bien, on m'a donné dix louis, — comme hier. — En voici trois, — je pense que ta promenade est bien payée!

Tulipano empocha.

— Et, combien t'a-t-on promis? — demanda-t-il ensuite.

— Cent louis.

— Que ça?

— Tiens!... c'est assez joli, je crois!... — si

je suis content de toi, je t'en donnerai quarante.

Le grand d'Espagne, — selon sa coutume, — grommela, mais ne répondit rien.

Puis tous deux, comme la veille, regagnèrent le tripot, dans l'honnête intention d'y tenter quelque friponnerie.

## VII

### L'ENFANT ET LE ROSIER

Nous croyons, — sans cependant prendre sur nous de l'affirmer d'une façon absolument positive, — que la rue Aubry-le-Boucher vient de disparaître dans les récentes démolitions d'où Paris va sortir tout neuf et vêtu de blanc, comme une fiancée le jour de ses noces.

Dans tous les cas, à aucune époque, la rue en question n'a rien offert qui soit digne de fixer l'attention, par conséquent nous n'avons quoi que ce soit à en dire, si ce n'est qu'elle était étroite, tortueuse, obscure et sale, — surtout à l'époque où se passent les faits dont nous sommes le très fidèle historien.

La famille Lollier occupait le rez-de-chaussée de l'une des maisons les plus rapprochées de la rue Saint-Martin.

Cette famille — nous avons entendu le grand seigneur inconnu le dire à La Bricole — était nombreuse.

Elle se composait de dix personnes — le père, la mère et huit enfants.

André-Thomas Lollier était *employé à la propreté* du Carreau de la Halle.

Nous supposons que cette expression, — que nous reproduisons servilement d'après les Mémoires historiques qui nous guident, — équivalait à celle de *balayeur*.

Marie-Jeanne Ladure, femme Lollier, avait à la Halle un étal de marchande de marée.

Nulle part on ne trouvait des raies, des turbots, des soles et des homards plus frais que chez elle.

Ajoutons à cela que, contre la coutume de ses collègues en poissonnerie, elle se montrait accorte avec la pratique.

Aussi son commerce prospérait que c'était merveille.

Les époux Lollier se seraient trouvés, grâce à leur industrie, à leur courage, dans une fort honnête aisance, si le nombre toujours croissant de leurs enfants ne les avait souvent mis dans l'embarras. Mais ils avaient pris gaiement leur parti de toutes les difficultés, et ils les avaient surmontées, comme il arrive presque toujours aux honnêtes gens qui ne prennent point le chagrin à cœur et ne se laissent pas décourager.

Tous ces enfants, du reste, tournaient admirablement, et les garçons se faisaient un point d'honneur de ne rester que le moins longtemps possible à la charge de leur famille.

C'est ainsi que le fils aîné, Eustache Lollier, superbe garçon de vingt-huit ans, était déjà parvenu au grade éminent de sergent aux gardes françaises, — ce qui n'était point un médiocre honneur pour de petites gens, et suscitait aux Lollier bien des jalousies dans leur quartier.

Nanette Lollier, — l'héroïne de ce récit, et la cadette des huit enfants, — était venue au monde le 29 décembre de l'année 1740.

Quoiqu'on trouvât généralement qu'elle arrivait mal à propos, et que Marie-Jeanne, sa mère, eût mieux fait de se reposer sur ses lauriers, sa jolie mine, ses gentillesses, son *caquet* fin et spirituel, la rendirent chère à ses parents, — plus chère peut-être que ses autres sœurs.

Voici en quels termes s'expriment à son sujet les Mémoires dont nous parlions il n'y a qu'un instant :

« Une dame Grimaud, veuve d'un huissier, femme honnête et dans l'aisance, habitant la même maison que la famille Lollier, devint la marraine de la petite fille, à laquelle elle donna le nom de *Nanette*.

» A mesure que la filleule grandit, la marraine la prit en affection et se fit son institutrice.

» Elle lui enseigna tout ce qu'elle savait, c'est-à-dire à lire, à écrire et à compter. — Nanette devint ainsi — pour son époque et pour la classe à laquelle elle appartenait — un véritable phénomène d'érudition, — un puits de science, — un oiseau rare, — *rara avis*.

» La veuve Grimaud lui forma aussi le cœur et s'occupa tout à fait spécialement de sa voix, que la petite Nanette avait fort belle, pleine, mélodieuse, et admirablement juste.

» Cette éducation musicale fut si bien conduite que Nanette n'avait que douze ans lorsque M. le curé de la paroisse, — lequel considérait fort la famille Lollier et la favorisait, — fit chanter à l'enfant un *noël* qui enleva tous les suffrages.

» Les paroissiens et surtout les paroissiennes du quartier se pâmèrent d'admiration et ne jurèrent plus que par Nanette et par sa belle voix. Peu s'en fallut que Marie-Jeanne n'en perdît la tête de contentement.

» L'année suivante, la supérieure du couvent des Filles-Dieu, qui avait beaucoup entendu parler de Nanette, demanda l'enfant pour chanter aux offices de la semaine sainte.

» Nanette chanta en effet un *Stabat* et un *O filii et filiæ*, et le tout si agréablement, qu'à partir de ce moment elle cessa d'être confondue avec les autres petites filles de son âge.

» Ces distinctions, ces louanges, ces éloges tournèrent la tête de la mère, — et un peu aussi celle de la fille.

» Marie-Jeanne, — qui ne voyait pas d'état plus beau que celui de marchande de marée, — aurait bien voulu que Nanette s'associât à son commerce, afin de se mettre à même de pouvoir lui succéder à son étal ; — mais voyant sa fille si jolie, si délicate et si distinguée, une sorte de crainte instinctive l'empêchait de lui dévoiler ses désirs secrets.

» Nanette, de son côté, avancée comme elle était, et *fine comme l'ambre*, comprenait à merveille ce que sa mère ne lui disait pas, — mais elle éprouvait une insurmontable répugnance en présence de tous les détails peu attrayants du commerce de poissonnerie ; — la seule idée d'enfoncer ses doigts blancs et délicats dans les ouïes sanglantes d'une barbue lui donnait un petit frisson.

» Cependant le temps passait, et Nanette, ne quittant guère le logis maternel, avait pour toute attribution de tenir en bon ordre et en bon état le linge un peu usé du ménage. »

Les pages qui précèdent, et dont nous n'avons qu'à peine rajeuni le style ingénu, expliquent à merveille, ce nous semble, les premières années de la jeune fille.

A l'époque où commencent les événements de ce récit, Nanette, — nous le savons, — avait quinze ans.

Pénétrons maintenant, si vous le voulez bien, — dans la pièce principale du très humble logis des Lollier.

Cette pièce, prenant jour sur la rue par une porte et par une fenêtre, servait tout à la fois de cuisine, — de magasin, — de salle à manger, — et de salle commune.

Son ameublement était plus que simple et consistait en une grande table carrée, — deux bahuts, — une armoire ornée — et une douzaine de chaises de bois, — le tout propre, net et brillant, comme dans un ménage hollandais.

Une grande cheminée, sous le manteau de laquelle il était facile de se tenir debout, occupait le centre de l'une des parois latérales. Dans cette cheminée, trois ou quatre crémaillères soutenaient autant de chaudrons — dont l'un — gigantesque — destiné à cuire les homards, les langoustes et les crabes que Marie-Jeanne portait ensuite à la Halle, fermes et savoureux sous leur cuirasse écarlate.

Malgré l'exquise propreté dont nous parlions tout à l'heure, une odeur de marée, bien prononcée, régnait dans cette pièce.

Un gros bouquet de fleurs des champs, — placé sur un bahut, dans un vase de faïence blanche à enluminures bizarres, — avait mission de combattre par ses parfums la senteur du poisson de mer.

A coup sûr, c'était Nanette qui, de ses blanches mains, avait composé ce bouquet dont les couleurs éclatantes se nuançaient avec une harmonie peu commune. A coup sûr, encore, c'était elle qui le rendait aussi vivace, en l'arrosant d'eau fraîche deux ou trois fois par jour.

Nanette avait la passion des fleurs.

Peut-être ne se serait-elle pas dérangée pour ramasser des bracelets d'or, — cependant nous ne l'affirmerions pas sous la foi du serment, — mais nous pouvons hardiment répondre qu'elle eût fait de grand cœur trois ou quatre lieues pour aller cueillir un bouquet de roses, ou quelques-unes de ces grappes parfumées qui sont les odorants panaches du lilas.

La jeune fille regardait presque les fleurs comme des créatures animées. Elle leur parlait, — elle en écoutait les mystérieuses réponses, — elle s'enivrait de leurs pénétrantes émanations.

Un jour, une de ses voisines, — marchande de fleurs sur le quai qui touche au Palais de justice, — lui avait fait présent d'un petit rosier. — Triste cadeau, car l'arbuste était rachitique et d'une pitoyable venue.

Nanette, — folle de joie, — avait eu pour lui de tels soins qu'il s'était peu à peu ranimé.

Ses feuilles, — jaunes et décolorées, — avaient repris leur belle couleur verte, — la tige ployante s'était relevée.

L'arbuste vivait !

Au printemps suivant un bouton parut, — puis deux, — puis dix.

Aux boutons succédèrent les roses.

Ce fut pour Nanette une ivresse véritable, — un délire dont nous ne saurions donner une idée.

Marie-Jeanne, dans sa tendresse de mère, était jalouse du rosier, et prétendait que Nanette l'aimait moins depuis qu'elle avait ainsi donné son cœur à l'arbuste.

Quelques mois se passèrent, — l'automne arriva.

Les roses se flétrirent et tombèrent effeuillées, les unes après les autres.

Nanette se consola en se disant qu'au printemps prochain boutons et roses reviendraient.

Hélas ! il en devait être autrement.

Un mal inconnu se déclara.

L'arbuste fut atteint d'une de ces consomptions sans remède qui s'attaquent aux frêles plantes emprisonnées dans l'argile d'un vase trop étroit pour leurs racines.

Et puis, sans doute, l'air et la lumière manquaient.

Nanette essaya, pendant bien des jours, de lutter contre l'évidence.

Mais enfin la triste vérité éclata.

L'arbuste avait cessé de vivre.

Lorsque l'enfant ne put plus conserver l'ombre d'un doute ni d'une espérance, — on la vit pâlir et chanceler, — quelques larmes ruisselèrent sur son visage morne, puis elle tomba évanouie.

Quand elle revint à elle, une fièvre ardente se déclara, — Nanette était bien malade, et, durant plus d'une semaine, on crut qu'elle allait mourir avec son rosier.

Une fois guérie, et même longtemps après, — on ne parlait jamais devant elle du pauvre petit arbuste qu'elle avait tant aimé, — car son cœur se serait serré, et on aurait vu ses beaux yeux se remplir de larmes soudaines.

**Voilà comment** Nanette Lollier aimait les fleurs.

## VIII

### NANETTE ET ROSETTE. — LES FIANCÉS

Depuis le commencement de ce volume nous n'avons mis pour ainsi dire sous les yeux de nos lecteurs que de fort vilaines figures.

La Bricole, — don Gusman de Tulipano, — Grain-d'Orge, — sont des modèles achevés de laideur physique et morale.

Il est grand temps, ce nous semble, de reposer un peu les regards, en esquissant de plus gracieux visages, en traçant des tableaux moins odieux.

C'est ce que nous allons essayer de faire.

Dans le chapitre précédent, nous avons décrit rapidement la pièce principale de l'habitation de la famille Lollier.

Voilà le cadre.

Plaçons-y maintenant les personnages.

Ces personnages étaient au nombre de trois, — deux jeunes filles et un jeune homme.

C'était d'abord une grande et belle fille blonde et fraîche, — à la lèvre rouge et mutine, aux grands yeux de velours bleu, sous une double rangée de longs cils.

Cette jeune fille, vêtue du charmant déshabillé de toile peinte des grisettes parisiennes à cette époque, semblait une vivante personnification de la gaieté vive et de l'humeur franche et joyeuse. Elle riait sans cesse et à tout propos. On eût dit qu'il y avait une perpétuelle coquetterie dans ce rire intarissable, qui laissait voir l'émail humide de ses petites dents, aussi blanches que celles d'un jeune chien, et qui creusait de mignonnes fossettes à son menton et aux coins de sa bouche.

Mais nous prenons sur nous d'affirmer que la coquetterie n'y était pour rien.

Rosette, — ainsi se nommait la joyeuse fille, — aurait ri tout autant, quand même le rire l'eût rendue moins jolie.

Elle était assise sur une chaise de bois, dont le dossier s'appuyait à la table carrée qui se trouvait au milieu de la chambre.

Ses mains rosées, — cachées à demi par de petites mitaines de fil blanc, — jouaient nonchalamment avec quelques fleurs, enlevées sans doute au bouquet dont nous avons parlé.

Tout en les effeuillant elle riait.

En face, et tout auprès d'elle, se tenait debout un grand et beau jeune homme, portant le galant uniforme de sergent aux gardes françaises.

Rien ne seyait mieux que ce costume à sa taille élevée et bien prise, — à ses épaules larges et parfaitement effacées, — à sa figure mâle et expressive, et d'une régularité qui n'excluait point l'expression.

On devine que ce beau jeune homme n'était autre qu'Eustache Lollier, le fils aîné de Marie-Jeanne.

— Oh ! Rosette, — murmurait-il, — ravissante et méchante fille, — pourquoi me tourmenter ainsi ?

— Ce menteur !... — interrompit Rosette avec un frais éclat de rire, — pourquoi dire que je suis méchante quand il n'en pense pas un mot !... — Je vous tourmente ! moi ?... — et comment ?

— Vous le savez bien !...

— Nenni-da !...

— Pourquoi, quand je vous en prie si fort, refuser de convenir que vous m'aimez ?...

— En doutez-vous ? — demanda moqueusement Rosette.

— Non... mais...

— Eh bien, puisque vous prétendez le savoir, pourquoi demander que je vous le dise ?

— C'est si bon à entendre !...

— Est-ce donc la mode, aujourd'hui, que les honnêtes filles parlent d'amour aux gardes françaises ?... — s'écrie Rosette en riant de plus belle.

— Oui, certes, quand le garde française et la jolie fille doivent se marier dans huit jours...

— Eh bien ! attendons que le mariage soit fait.,. et alors...

— Alors ?

— Nous verrons... — peut-être vous dirai-je après ce que je ne veux pas vous dire avant... — Et ne vous plaignez point de cela, mon pauvre Eustache, — ajouta Rosette avec son rire étincelant, — il y a tant de maris dans Paris à qui tout le contraire arrive, et à qui l'on dit avant ce qu'on ne leur dit plus après...

Il y avait dans ces paroles un aveu déguisé qui n'échappa point au jeune homme.

— Vous êtes un ange, oh! Rosette!... s'écria-t-il avec transport.

— Tiens! je ne suis donc plus méchante!...

Et le garde française, s'emparant d'une main que la jeune fille ne défendit pas trop, la couvrit d'une demi-douzaine de bons gros baisers bien sonores.

Et Rosette, pendant ce temps, que faisait-elle?

Elle riait.

Cependant, une autre fille, — assise tout auprès de la fenêtre qui ne laissait pénétrer qu'un jour assez douteux à ses petits carreaux verdâtres, enchâssés dans du plomb, — semblait s'absorber entièrement dans le travail de couture qu'elle était en train de mener à bonne fin.

Mais, du coin de l'œil, elle regardait avec une curieuse attention le gracieux tableau dont nous venons d'esquisser les lignes.

Cette jeune fille était Nanette Lollier.

Jamais plus radieuse beauté n'avait mérité mieux d'attirer tous les regards et de faire battre tous les cœurs.

Jamais le ciseau du sculpteur et le pinceau du peintre, s'unissant pour créer un chef-d'œuvre, n'auraient réussi à produire un ensemble aussi parfait, aussi complétement irréprochable.

Nanette était le type idéal de la perfection et de la beauté.

Non point de cette beauté froide, — de cette beauté classique et convenue, qu'on admire, et qui glace, — mais de la beauté vraiment féminine et parisienne, dans ce qu'elle a de plus gracieux et de plus souriant.

Sous ses longs cheveux bruns, d'une richesse et d'un éclat merveilleux, — relevés sur les tempes et formant, à la hauteur de ses petites oreilles nacrées, deux accroche-cœurs irrésistibles, — se voyait un front pur et d'une inaltérable blancheur.

Le galbe un peu allongé du visage ne nuisait en rien à la rondeur des joues qu'on eût dites recouvertes de ce délicieux velouté qui fait le charme des pêches mûres.

Ses grands yeux noirs, — doux, rêveurs et vifs à la fois, — étaient expressifs comme la parole, et lançaient parfois les étincelles d'un feu voilé.

La bouche, — cette petite bouche des femmes de Watteau, dont aujourd'hui le dessin est perdu, — semblait, — malgré la chasteté candide de ses lignes, et pour nous servir d'une expression empruntée au langage du temps, — *l'arc du petit dieu Cupidon.*

Cette tête idéale s'attachait aux épaules par un cou aussi pur, aussi parfait que devait l'être plus tard celui de la belle et malheureuse princesse de Lamballe.

La taille, souple et cambrée comme celle d'une Espagnole, était un peu frêle peut-être, mais le corsage promettait de bientôt offrir ces formes arrondies et voluptueuses qui manquent à la première jeunesse, et dont l'absence, à quinze ans, est une grâce de plus.

Les duchesses — et nous disons les plus fières de leur pied aristocratique et de leur main patricienne — eussent envié le pied et la main de Nanette Lollier.

Pas une femme, peut-être, à Paris, n'aurait pu mettre les petits gants de soie qu'elle se tricotait elle-même, — et pas une, à coup sûr, n'aurait chaussé ses souliers à talons — auprès desquels la pantoufle de Cendrillon eût semblé large.

Eh bien, tout ce que nous venons de dire n'a servi qu'à nous prouver à nous-même l'impuissance dans laquelle nous nous trouvons de faire de Nanette un portrait ressemblant.

Il nous faudrait les crayons de Latour ou les pinceaux de Boucher, pour faire revivre dignement cette idéale figure.

Plus heureuse que *Nanette Lollier*, — *Geneviève Gaillot* avait trouvé un peintre, — et quel peintre! l'immortel Greuze!

La pauvre Nanette est morte tout entière — et nous ne savons pas la ressusciter!...

Tout à coup, et au moment où Eustache Lollier venait d'embrasser si bruyamment la main de sa rieuse fiancée, — Nanette jeta son ouvrage, — un superbe caraco de sa mère, presque neuf et qui n'avait servi que pendant deux ans, — elle se leva et s'approcha légèrement des deux jeunes gens.

Nous ne saurions dire combien de grâces nouvelles recélait sa démarche.

C'est pour elle que semblait devoir être fait, cent ans plus tard, ce vers charmant d'un grand poëte :

Même quand l'oiseau marche, on sent qu'il a des ailes!

— **Cher frère,** — **bonne petite sœur,** — dit Nanette, — **comme vous êtes enfants tous deux!...** vous vous taquinez presque sans cesse pour vous raccommoder ensuite ; — ne vaudrait-il pas mieux vous aimer tout simplement ?... Toi, mon pauvre Eustache, tu crois toujours que Rosette ne t'aime pas assez, et tu n'as pas raison, car elle t'adore... j'en réponds !... — Toi. Rosette, tu ris souvent quand mon frère te parle d'amour, et c'est bien mal, car ton petit cœur, au fond, est tout à lui...

— Ah ! par exemple !... — dit la jolie blonde.

— Oui, *tout à lui,* — reprit Nanette en appuyant malicieusement sur ces mots, — et tu me le répètes sans cesse quand nous ne sommes que nous deux...

— Oh ! trahison !... — fit Rosette en riant.

— Oh ! bonheur ! — s'écria le garde française.

— Accordez-vous donc bien vite, — poursuivit Nanette, — et puisque tout est convenu entre vous et entre nos familles, décidez, sans plus tarder, quel jour et en quel endroit nous danserons à votre noce...

## IX

### L'HOMME PROPOSE ET LA FEMME DISPOSE

La dernière proposition de Nanette ne rencontra point d'opposants.

Au fond, la jolie blonde, — ainsi que l'avait affirmé traîtreusement Nanette, — adorait le garde-française.

Elle riait de ses paroles d'amour, parce qu'elle riait de tout, — elle le contrariait volontiers, parce qu'elle était d'humeur moqueuse, — mais son cœur battait bien fort lorsqu'elle se disait que, dans quelques jours, elle serait à lui, — bien à lui.

— C'est cela ! — s'écria Eustache, — convenons de tout !... — cette noce, — cette belle noce, où la ferons-nous ?...

— D'abord, — dit Nanette, — je prétends avoir voix délibérante au conseil...

— Parbleu ! — répliqua Eustache, — cela va sans dire...

— Oh ! oui, petite sœur, — fit à son tour la fiancée du garde française, — donne-nous ton avis... tout ce que tu voudras, moi, je le voudrai...

— Avant tout, — reprit le jeune homme, — il nous faut un endroit où la place ne manque pas... — songez que nous serons cinquante ou soixante personnes, au moins...

— Tant que cela ! — fit Nanette.

— Je crois bien ! — compte donc un peu, — nos deux familles et les amis de nos familles, — et, grâce à Dieu, nous en avons quelques-uns, et de bons, — ensuite tous mes amis à moi, les sergents aux gardes françaises... — en grande tenue !... et de la musique, — j'aurai les fifres et les tambours, — mon lieutenant me l'a promis...

— Vraiment ! — s'écria Rosette en riant aux éclats et en frappant ses deux petites mains l'une dans l'autre, — mais ce sera charmant.

— Charmant, chère Rosette !.... — dis donc magnifique !... — ah ! l'on parlera longtemps de la noce d'Eustache Lollier et de Rosette Pierrefitte, la plus jolie fille du quartier Saint-Martin !...

— Après Nanette ! — s'écria la rieuse en sautant au cou de sa sœur future.

— Oh ! — répliqua Nanette, — les sœurs ne comptent pas... pour leurs frères du moins... D'ailleurs tu es plus jolie que moi, toi, Rosette...

— Non pas...

— Je t'assure que si...

— Je te jure que non...

Ce fut au tour d'Eustache à se mettre à rire.

Il coupa court à la discussion en disant :

— Vous avez raison toutes deux, car vous êtes aussi jolies l'une que l'autre !...

Rosette récompensa son fiancé par un sourire.

Puis elle demanda :

— Eh bien, que décidons-nous?

— Je propose les *Porcherons*, — fit Eustache.

Une petite moue charmante vint aux lèvres de Nanette.

— Oh! les Porcherons... — fit-elle.

— Est-ce que cela ne te sourit pas, ma sœur?...

— Franchement, non.

— Pourquoi?

— C'est un vilain endroit, les Porcherons... — répondit la jeune fille; — on prétend qu'il y vient des seigneurs déguisés... — je crois que nous n'y serions pas tranquilles... — d'ailleurs ce n'est pas assez champêtre, on n'y voit point une pauvre fleur...

— N'en parlons plus, — dit gaiement Eustache.

— Repoussé avec perte!... — s'écria Rosette en riant.

— Méchante! — riposta gaiement Eustache, — je suis battu, c'est vrai, mais vous payerez les frais de la guerre!...

— Et comment?

— Vous allez voir.

Tout en parlant, il l'embrassa.

Rosette rougit jusqu'au haut de son front si blanc, — puis elle se mit à rire, et dit :

— Tant pis pour vous, après tout!... — vous vous volez vous-même...

— Ah! bah! je me restituerai mon bien plus tard.

— Voyons, — fit Nanette, — autre chose.

— Que dites-vous des *Prés-Saint-Gervais?*

— C'est mieux, — répliqua la jeune fille.

— Ce n'est donc pas encore tout à fait bien?
— Non, — je crois qu'on peut trouver mieux encore...
— Je parie, sœur, que tu as une idée...
— C'est possible.
— Dis-la, — dis-la vite, ton idée, petite sœur! — s'écria Rosette, — je parie, moi, qu'elle est excellente!...
— Eh bien, puisque vous le voulez, je songeais au *Moulin de Javelle*...
— Oui!... oui!... oui!... — dirent à la fois les deux jeunes gens, — Nanette a raison! adopté! adopté! vive le Moulin de Javelle!...

Et le garde française se mit à chanter, d'une voix de stentor, cette vieille chanson de l'époque, qui n'est pas beaucoup moins mauvaise que certains couplets de vaudevilles modernes :

> Au Moulin de Javelle
> Vont deux à deux
> Les amoureux!...

> Au Moulin de Javelle
> Que la beauté soit fidèle,
> Car au moulin de Javelle
> Les amoureux
> Sont heureux!...

> Le plus beau séjour du monde,
> C'est celui-là, je le crois!...
> Chacun y vient, à la ronde,
> S'amuser comme des rois!

> C'est au Moulin de Javelle

Que le plaisir nous appelle !
Vive ce charmant séjour
De l'hymen et de l'amour !

Quand Eustache eut achevé, les deux jeunes filles se prirent par la main, et se mirent à tourner joyeusement autour de la table, en répétant :

C'est au Moulin de Javelle
Que le plaisir nous appelle !...
Vive ce charmant séjour
De l'hymen et de l'amour !

Nanette et Rosette n'avaient point achevé leur ronde lorsque Marie-Jeanne, portant sur sa tête une grande manne d'osier qui renfermait une demi-douzaine de bourriches, parut dans le cadre de la porte, en s'écriant d'un ton de bonne humeur :

— Allons !... allons !... mes p'tites chattes, v'là qui va ben ! — j'vois qu'ici l'on n'engendre point de mélancolie !... — N' vous gênez pas pour moi, les enfants !... si le cœur vous en dit encore, dansez, sautez, trémoussez-vous ! Jarniguienne ! sans mes vieilles jambes, j'crois, ma fine, que j'en ferais tout autant !

Marie-Jeanne était une grande et forte femme, vêtue de couleurs éclatantes à la mode des poissardes de ce temps, et portant un mouchoir de coton rouge, noué d'une façon pittoresque autour de ses cheveux grisonnants. Sa haute taille était droite encore, — ses traits étaient réguliers, quoique flétris par les nombreuses fatigues de sa vie, — et l'on voyait que, quelque vingt ans auparavant, — elle avait dû être fort belle.

Seulement il n'existait en son apparence aucun vestige de cette distinction exquise qui rendait sa plus jeune fille si admirable.

Nanette et Rosette l'aidèrent à se débarrasser de sa manne; — les bourriches, — remplies de poisson qui n'avait pas été vendu, — furent rangées dans un coin, puis les deux jeunes filles embrassèrent l'une après l'autre, et avec expansion, la poissarde.

— Ah! Rosette, ma mignonne Rosette, — dit Marie-Jeanne, — comme te v'là donc gentille au jour d'aujourd'hui!... — t'es plus fraîche, parole d'honneur, qu'une limande qui frétille encore!...
— A-t-il de la chance, ce mauvais sujet d'Eustache... en a-t-il!...

— Plus que je ne mérite, n'est-ce pas, ma mère? — demanda le garde française en souriant.

— Oh! je ne dis pas ça! — répondit Marie-Jeanne, — tu es un garçon bien méritant, c'est la vérité!... — Mais, n'empêche, t'as de la chance tout de même!...

— Et il le sait bien, — fit Nanette.

Pendant ce dialogue, la blonde Rosette, en un accès de rire éclatant, montrait ses trente-deux dents blanches.

— Ah çà! voyons, — demanda Marie-Jeanne, — à quand la noce?... avez-vous décidé ça, mes enfants?

— Nous avons du moins choisi l'endroit où nous la ferons, — répondit le garde française.

— Et c'est?...

— Au Moulin de Javelle.

— Tiens !... tiens !... tiens !... ça me va beaucoup !... — c'est un endroit gai, le Moulin de Javelle ! — Je vas mettre d'côté, pour le repas, deux turbots, quatre barbues et une douzaine de homards, que Sa Majesté, notre monarque, n'en a pas de pareils sur sa table les jours de gala...

Pendant quelques minutes, la conversation continua sur ce ton joyeux.

Puis la plupart des membres qui composaient la famille Lollier rentrèrent successivement au logis.

Ce fut d'abord le père, — André Lollier, — libre de bonne heure, ce jour-là, de ses travaux à la Halle.

Puis deux ou trois des jeunes filles, employées dans le quartier à des travaux de couture ou de blanchissage.

Et, enfin, Marcel Lollier, — celui des enfants qui était venu au monde immédiatement avant Nanette.

Marcel avait seize ans et quelques mois.

Il ressemblait tellement à sa plus jeune sœur, — les traits de son visage imberbe étaient si fins et si délicats, — ses joues offraient un velouté si suave et si virginal que, s'il eût revêtu par divertissement des habits de femme, on l'aurait pris, sans aucun doute, pour Nanette elle-même.

Marcel se destinait à la profession d'imprimeur, — mais sans grand espoir de pouvoir jamais amasser les fonds nécessaires pour acheter une maîtrise d'imprimeur ou de libraire. Grâce à la puissante protection du cuisinier de M. Panckoucke — l'un des meilleurs clients de Marie-Jeanne, — Marcel avait obtenu une place d'apprenti dans les immenses ateliers du célèbre éditeur de l'*Encyclopédie*, — lequel, comme on sait, menait train de grand seigneur, et réunissait habituellement à sa table Diderot, d'Alembert, Helvétius, le baron d'Holbach, et enfin presque toutes les illustrations littéraires contemporaines.

Marcel se montrait extrêmement fier de contribuer pour sa part à l'érection de ce monument que la littérature et la philosophie du dix-huitième siècle élevaient comme une tour de Babel nouvelle et non moins orgueilleuse que l'ancienne.

X

REPAS DE FAMILLE

La famille rassemblée applaudit avec expansion, — ainsi que déjà nous l'avons entendu faire à Marie-Jeanne, — au choix que venaient de formuler les fiancés. — Décidément le Moulin de Javelle réunissait toutes les sympathies.

Le présent jour était un samedi.

Il fut décidé que le mariage serait célébré le samedi de la semaine suivante.

Cependant Marie-Jeanne avait placé sur la table carrée une nappe de toile commune, élimée en plus plus d'un endroit, mais d'une blancheur éblouissante.

Cela fait, elle s'occupa activement des préparatifs du repas.

— Ah çà! ma belle petite Rosette, — dit-elle ensuite à la fiancée de son fils, — j'espère bien que tu vas dîner avec nous... d'abord je te préviens que je vais mettre ton couvert à côté de celui de ce bon sujet d'Eustache, c'qui n'te déplaira guère, j'imagine...

— Je le voudrais bien... — répondit la jeune fille

en riant, — pas pour être à côté de M. Eustache, au moins, mais pour rester avec vous et avec ma bonne Nanette, mais, malheureusement, ça ne se peut...

— Bah! et pourquoi?

— Parce que ma mère m'attend.. elle m'a permis de venir vous dire un petit bonjour, mais elle m'a bien recommandé de ne pas rester trop longtemps...

— Dans ce cas, — répliqua Marie-Jeanne, — je n'insiste point, — ça n'est pas moi qui détournerai jamais les enfants de c'qui se doit à l'obéissance paternelle et maternelle, car, si n'importe qui, pour n'importe qu'est-ce, en faisait autant aux miens, ah jour de Dieu!... ça n'irait pas bien!... — Viens donc par ici que je t'embrasse, ma petite Rosette, et file...

— Je vais vous quitter aussi, ma mère, — dit alors le sergent aux gardes.

— Tiens! tiens! tiens!... est-ce que t'as du vif-argent dans les veines, comme Rosette, mon garçon?...

— Non, ma mère, mais mon lieutenant m'a recommandé de rentrer de bonne heure à la caserne... et, vous comprenez, comme j'ai besoin d'un congé pour toute la semaine prochaine, je ne veux pas risquer d'indisposer mes supérieurs contre moi.

— T'as raison, garçon, t'as raison... — l'obéissance et la *subostination* avant tout.

— Et, continua Eustache, — comme c'est mon chemin de passer justement devant la maison de madame Pierrefitte, je ferai la route avec mademoiselle Rosette, — si c'est un effet de sa grande bonté de me permettre, — et je la laisserai à sa porte.

Rosette, Nanette, Marie-Jeanne et tous les autres témoins de cette petite scène se mirent à rire.

— Ah! ah! — s'écria la poissarde, — fallait donc dire ça tout de suite!... — j'comprends à présent la consigne et la caserne... — histoire de faire un bout de chemin avec sa bonne amie!... — Voyez-vous, le mauvais sujet!... — Eh bien, mes enfants, allez-vous-en de compagnie, — quant à moi j'y obtempère!...

— Mais, — dit vivement Rosette en ne riant qu'à moitié, et avec un petit air de pruderie le plus charmant du monde, — je ne sais pas trop si je dois consentir à ce que me propose M. Eustache.

— Et, pourquoi donc ça, ma petite? — demanda Marie-Jeanne.

— Dame!... qu'est-ce qu'on dira dans le quartier?

— On dira ce qu'on voudra, pardine!... ne vous mariez-vous pas dans huit jours?...

— Mais... — hasarda de nouveau Rosette.

— Il n'y a ni *mais*, ni *si*, ni *car*, — interrompit impétueusement la poissarde, — quand on a pour soi sa bonne conscience, on peut se moquer de la *langue du monde*, et, quand Marie-Jeanne Lollier a garanti qu'une chose était bien, personne n'a le droit d'y trouver à redire...

Rosette avait écouté, en riant aux larmes, cette véhémente sortie de sa future belle-mère

Lorsque la poissarde eut achevé sa péroraison en mettant fièrement son poing sur sa hanche, la jolie blonde lui fit une coquette révérence, et dit :

— Bonne maman Marie-Jeanne, ne vous fâchez pas, — je vais prendre le bras de M. Eustache, — mais c'est bien pour vous faire plaisir, au moins...

— A la bonne heure ! — s'écria la poissarde, et soyez sans crainte, mes enfants, vous ferez un joli couple !... — Ah ! jarniguienne, qu'on m'en trouve un plus beau dans Paris, et je m'en vas l'aller dire à Rome !...

Rosette embrassa Nanette et Marie-Jeanne, — et les petites sœurs, — et aussi Marcel, — puis elle sortit avec Eustache, très fière, au fond, de s'appuyer sur le bras du plus beau sergent des gardes françaises.

La mère Lollier les suivit jusque sur le seuil, afin de les revoir encore, et de les admirer plus longtemps.

Elle ne remarqua point un homme grand et maigre, debout, de l'autre côté de la rue, dans l'embrasure d'une porte bâtarde, et qui semblait observer avec une attention profonde le logis des Lollier.

— Ah ! ces petites filles ! dit Marie-Jeanne en rentrant dans la salle commune après avoir refermé la porte, — elles sont toutes les mêmes... — Voyez c'te péronnelle de Rosette, — une bien brave enfant, ma fine !... — elle grillait d'envie de s'en aller avec son amoureux, et elle n'en faisait pas moins la petite bouche et la difficile !... — Dire pourtant que j'étais comme ça jadis... au temps de mes amours avec mon homme que voilà... — Hein, André, t'en souviens-tu, huit jours avant la noce ?...

— Ah ! je le crois bien, que je m'en souviens ! — répondit galamment l'époux de Marie-Jeanne, — et je dis que Rosette a beau être gentille et jolie, elle ne te serait seulement pas allée à la cheville, dans ce temps-là, ma femme !...

Enchantée de ce compliment conjugal qui lui rappelait les roses effeuillées d'une lune de miel évanouie, Marie-Jeanne se rengorgea... Elle rajusta, en face d'un vieux miroir, les pointes du mouchoir rouge qui lui servait de bonnet, — elle jeta sur les vestiges à peu près disparus de sa beauté en ruine un regard de regret, puis elle dit :

— A table, mes enfants... à table... — nous avons tous bien travaillé, mangeons de bon appétit...

La famille Lollier était absorbée depuis quelques minutes dans l'importante et agréable occupation du repas, quand un coup, frappé discrètement à la porte de la rue, attira l'attention générale.

— Entrez ! — cria Marie-Jeanne sans se déranger.

La porte s'ouvrit, et un personnage bien connu de nos lecteurs entra, en courbant sa longue échine en un salut obséquieux.

Ce personnage était La Bricole.

Il tenait sous son bras gauche son vieux chapeau lampion tout cassé.

*Chatouilleuse*, qui ne le quittait pas plus que son ombre, relevait la basque de son habit sans galons.

L'attitude qu'il avait prise en entrant ne permettait de voir de son visage que son nez énorme et luisant, et ses longues moustaches retroussées.

Malgré l'air bénin que La Bricole s'efforçait de donner à ses traits, toute sa personne n'en conservait pas moins son cachet à la fois grotesque et sinistre.

— Jour de Dieu ! — se dit Marie-Jeanne à elle-même, — jour de Dieu !... voilà un paroissien de bien mauvaise mine !

Une frayeur instinctive s'empara de Nanette, qui détourna vivement la tête.

Cependant, malgré la mauvaise opinion qu'elle ne pouvait s'empêcher de concevoir de ce visiteur inattendu, Marie-Jeanne quitta sa place, et demanda poliment :

— Qu'y a-t-il pour votre service, monsieur ?...

— J'ai tout lieu de croire, — répliqua La Bricole après une seconde et même une troisième salutation, — que je me trouve en ce moment dans le sein de l'honorable famille Lollier ?

— Vous y êtes.

— Et c'est à l'estimable madame Lollier que j'ai sans doute l'honneur de parler ? — reprit La Bricole.

— A elle-même.

— Marchande de marée en gros ?

— Comme vous dites.

— Et mère du sergent Lollier, le plus bel homme et le meilleur sujet des gardes françaises

Cet éloge d'Eustache disposa Marie-Jeanne à envisager plus favorablement le visiteur.

— Oui, monsieur, — fit-elle, — le sergent Lollier est bien mon fils. — Mais, encore une fois, qu'y a-t-il pour votre service ?

La Bricole, — tout en parlant et tout en écoutant -es réponses de Marie-Jeanne, — promenait autour de la table ce regard inquisiteur particulier aux espions ; il avait reconnu ou plutôt deviné Nanette à sa radieuse beauté.

Au bout d'un instant, il répondit :

— Je souhaiterais, madame, parler à votre fils aîné, — je suis chargé pour lui d'un message de quelque importance...

— Est-ce bien pressant, ce message ?

— Oui, madame.

— Dans ce cas, vous n'avez pas de chance.

— Pourquoi donc ?

— Parce que, si vous étiez arrivé cinq minutes plus tôt, vous auriez rencontré Eustache ici...

— Et, maintenant ?

— Maintenant il vous faudra lui courir après pour le rattraper.

XI

UN AMI INCONNU

La Bricole fit un geste destiné à exprimer le désappointement.

— Ah! bah! — dit-il au bout d'un instant, — le sergent est parti! eh bien! tant pis, je lui courrai après, les jambes sont bonnes!...

— Seulement, — reprit Marie-Jeanne, je vous conseille de vous dépêcher, tout d'même, car Eustache marche comme un cerf... — après ça, peut-être bien qu'il se sera arrêté queq'z'-instants à la porte de Rosette.

— Rosette? — demanda La Bricole avec un accent interrogateur.

— Oui, sa future, — Eustache se marie dans huit jours...

— Tiens! tiens! tiens!... — mes compliments!... ah! le gaillard!... — il ne m'en avait rien dit... — c'est mal!...

— Est-ce que vous êtes de ses amis?

— De ses amis!... — si j'en suis?... — mais je le crois bien, madame Lollier, et des plus intimes encore!... il ne peut guère se passer de moi... — le lieutenant, quand il est de bonne humeur, nous appelle *Oreste* et *Pylade*.

— Pour lors il vous invitera à sa noce.

— Ah ! pardieu, j'y compte bien !... — s'il ne le faisait pas, je ne lui pardonnerais de ma vie ! foi de gentilhomme !...

Et, ce disant, La Bricole retroussa victorieusement sa moustache.

— Gentilhomme !... — s'écria Marie-Jeanne éblouie, — vous êtes gentilhomme ?...

— Chevalier, madame Lollier, pour vous servir...

— Comme Eustache a de belles connaissances !... — pensa la poissarde enthousiasmée.

La Bricole reprit :

— Et, cette noce, quand la ferons-nous ?

— D'aujourd'hui en huit au Moulin de Javelle.

— Parfait !... — vingt fois par jour ce cher Eustache me parle de sa sœur, mademoiselle Nanette, la plus jolie fille de Paris ; j'espère bien avoir l'honneur d'être son cavalier pour plus d'un rigodon...

— Réponds donc, Nanette, — réponds donc à monsieur le chevalier... — dit vivement Marie-Jeanne en poussant le coude de sa fille.

Nanette ne répondit pas et rougit jusqu'au blanc des yeux.

— Ah ! fit la poissarde, — ces jeunesses c'est timide et ça s'embarrasse d'un rien... mais elle est bien reconnaissante de l'honneur que vous lui faites, j'en réponds.

— Maintenant, chère madame Lollier, — poursuivit La Bricole, — indiquez-moi, je vous en prie, le chemin qu'a tenu Eustache ; je suis chargé pour lui je vous le répète, d'un message important, il est essentiel que je le rattrape...

— Eh bien ! en sortant d'ici, tournez à gauche, et, ensuite, prenez à droite dans la rue Saint-Denis... — vous rencontrerez Eustache dans la rue, pour sûr, car il retournait à la caserne après avoir reconduit Rosette...

— J'y vole... — agréez, je vous en prie, madame, ainsi que toute votre honorable famille, l'assurance de mon profond respect...

La Bricole salua derechef, aussi bas qu'il l'avait fait en arrivant, — puis il pivota sur ses talons. — Il ouvrit le compas de ses larges jambes, et, remettant sur sa tête son chapeau lampion, il s'élança dans la direction de la rue Saint-Denis, tout en caressant la poignée de *Chatouilleuse*.

Aussitôt qu'elle eut disparu, Marie-Jeanne revint s'asseoir à table, et formula tout haut la réflexion que nous lui avons déjà entendu formuler tout bas.

— Comme Eustache a de belles connaissances !... — un gentilhomme !... — un chevalier !... — ça n'est pas du petit monde, ça, tout de même !...

— Il est bien laid, l'ami d'Eustache, — dit Nanette timidement.

— C'est vrai qu'il n'est pas beau, — répliqua la poissarde, mais il a l'air noble, ça c'est sûr...

— Noble... noble... — fit André Lollier en hochant la tête, — je lui trouve, moi, plutôt la figure d'un bandit que la mine d'un gentilhomme...

Marie-Jeanne frappa du poing sur la table.

— C'est que vous ne vous y connaissez pas ! s'écria-t-elle, — j'vous soutiens, moi, jarniguienne, que c'est un véritable grand seigneur...

— Oh! pour ça, — fit Marcel, qui n'avait encore rien dit, — oh! pour ça, j'en doute...

— T'en doutes, morveux?...

— Ma foi oui.

— Et, pourquoi donc ça, s'il vous plaît?...

— Parce que j'en vois toute la journée, moi, des gentilshommes, chez M. Panckoucke et des grands seigneurs aussi, — M. le marquis de Louvois et M. le prince de Courtenay, et son fils, et bien d'autres... et ils ne ressemblent guère à l'individu qui sort d'ici...

— Et quelle différence donc que tu trouves entre eux, blanc-bec?...

— D'abord ils ont de beaux habits tout dorés et tout galonnés...

— Ce n'est pas le galon qui fait l'homme!

— Et de belles épées, à poignées de nacre ou d'or, avec des pierres précieuses et des nœuds de rubans... — ils ne portent point de moustaches, et leur mine est bien différente... — Moi, je suis comme mon père, je trouve que l'ami d'Eustache a l'air d'un cuistre...

Une approbation générale accueillit les dernières paroles du jeune imprimeur.

Marie-Jeanne ne se tint point pour battue, mais, comme elle n'avait pas de bonnes raisons à donner à l'appui de son opinion, la conversation en resta là, — du moins sur ce chapitre.

Le repas venait de s'achever, et les jeunes filles remettaient en ordre les plats, les assiettes et les couverts d'étain bien luisants, quand Eustache, que personne n'attendait, rentra dans la pièce que nous connaissons.

Le sergent aux gardes françaises avait tout simplement prétexté des affaires à sa caserne afin de pouvoir reconduire Rosette, mais la vérité est qu'il avait pour ce jour-là une permission de dix heures.

— Tiens ! — s'écria Marie-Jeanne, — te revoilà, toi, bon sujet !...

— Comme vous voyez, ma mère, — et bienvenu, je pense.

— Oh ! toujours ! — Mais comment que ça se fait ?...

Eustache raconta ce que nous venons d'expliquer.

— Alors et pour lors, — reprit la poissarde, — tu arrives tout droit de chez la mère Pierrefitte !...

— Tout droit.

— Et tu n'as rencontré personne en route ?

— Personne de ma connaissance.

— Eh bien, mon garçon, prends tes jambes à ton cou, et file.

— Où donc ?

— A la caserne.

— Allons !... il n'est pas six heures du soir !...

— Ça n'y fait rien, — dépêche-toi...

— Plaisantez-vous ? — pourquoi me dépêcher quand rien ne me presse ?...

— Rien ne te presse ?... c'est ce qui te trompe...

— Que voulez-vous dire ?

— Qu'il y a un message qui t'attend à la caserne...

— Un message ?...

— Oui.

— De qui ?...

— De tes chefs.

— Qui vous l'a dit ?
— Ton ami intime.
— Quel ami ?
— Le grand, — le maigre, — celui qui a des moustaches longues comme ça, — le gentilhomme... — le chevalier...

Eustache regardait sa mère avec la stupéfaction la plus profonde et la plus comique.

— Voyons, — reprit la poissarde impatientée, — quand tu me regarderas pendant une heure avec des yeux comme ceux d'une brême de mer !... — Jour de Dieu, tu sais bien de qui je veux parler...

— Mais non, ma mère, je vous jure...

— Ton ami, le gentilhomme... ton intime ami... — il a pris la peine de venir ici lui-même, avec le message... — il nous a présenté à tous ses civilités comme un parfait seigneur, et point fier à l'encontre des petites gens... — et il te court après, à l'heure qu'il est, jusqu'à la caserne, où il t'attendra avec son message...

Eustache, — de plus en plus stupéfait de ce qu'il entendait, à mesure que sa mère entrait dans de nouvelles explications, — prit le parti de s'asseoir sur une chaise, au milieu de la chambre, et regarda autour de lui d'un air effaré.

— Ah çà ! — demanda le jeune Marcel, tout en riant de la figure de son frère, — est-ce que tu ne le connaîtrais pas, ton ami intime ?

— Mais, franchement, — répliqua le sergent, — ça me fait assez cet effet-là !...

— Impossible ! s'écria Marie-Jeanne, — et la preuve, c'est que ton lieutenant a dit, en propres paroles, qu'*au reste* ce gentilhomme et toi vous étiez *Pilate* ensemble.

— Voyons, — fit alors Eustache, — expliquons-nous, ma mère, je vous en prie, car, foi de sergent aux gardes françaises, je ne comprends pas un traître mot de ce que vous me racontez depuis un quart d'heure.

Marie-Jeanne leva les mains vers le ciel comme pour attester que son fils aîné perdait la tête.

Puis elle commença le récit de la visite à laquelle nous avons fait assister nos lecteurs, et elle traça de La Bricole un portrait tellement ressemblant qu'il était impossible de ne point reconnaître ce personnage, pour peu qu'on l'eût rencontré une seule fois dans sa vie.

— Eh ! — demanda-t-elle en achevant, — comprends-tu maintenant, et sais-tu de qui *que* je parle ?...

Tous les membres de la famille attendaient impatiemment la réponse d'Eustache, qui avait écouté Marie-Jeanne avec une profonde attention et sans l'interrompre une seule fois.

Mais cette réponse ne fut point, de prime abord, celle qu'on attendait.

— Ma mère, — demanda Eustache, — où mettez-vous votre argent ?

— Là, — répondit machinalement la poissarde en désignant du geste une des grandes armoires appuyées contre la muraille, et dont nous avons déjà parlé. — Mais, quel rapport... ?

— Le plus grand rapport, ma mère. — Comptez vos écus, il doit vous en manquer quelques-uns...

— Ah ! bon Dieu ! — s'écria Marie-Jeanne en se

précipitant vers l'armoire, — ah! bon Dieu, et pourquoi donc?

— Parce que cet homme, qui s'est prétendu mon ami intime, je ne le connais pas; et, par conséquent, c'est un voleur!...

Marie-Jeanne, épouvantée, ouvrit l'armoire, et compta son argent. Il ne lui manquait pas un sou.

— Tu vois, — dit-elle, — on n'a rien touché...

— C'est qu'il venait seulement reconnaître les lieux, — répliqua Eustache, — et qu'il fera son coup quelque autre jour. — Veillez donc bien, je vous le conseille...

Le reste de la soirée se passa à bâtir une foule de conjectures sur l'incident qui nous occupe. — Mais l'idée ne vint à personne que Nanette était le trésor auquel en voulait La Bricole.

## XII

### GENTILHOMME ET GRAND D'ESPAGNE

Le soir de ce même jour, à l'heure accoutumée, très hauts et très puissants seigneurs, le chevalier de La Bricole et don Gusman de Tulipano s'installaient devant un bol d'eau-de-vie brûlée, dans le cabinet du premier étage de la taverne du *Broc d'Argent*.

Ces dignes acolytes devisaient de choses et d'autres en attendant le factotum du seigneur inconnu.

Grain-d'Orge ne se fit pas attendre.

Il arriva, de ce pas calme et mesuré dont il avait l'habitude; — il plaça sur deux chaises sa canne et son chapeau galonné, avec cet air digne et majestueux dont il ne se départait jamais, et il entama l'entretien en ces termes :

— Y a-t-il du nouveau, messieurs?...

— J'aurais presque le droit de trouver cette question injurieuse, — répliqua agréablement La Bricole :

— quand je me mêle d'une affaire, il y a toujours du nouveau...

— Ainsi, vous avez agi?
— Pardieu!
— Qu'avez-vous fait?
— Je me suis rendu rue Aubry-le-Boucher, et j'ai pénétré dans l'intérieur de la famille Lollier..
— Ah! ah!...
— J'ai vu, de mes propres yeux, mademoiselle Nanette, et, foi de gentilhomme! votre maître est un homme de goût!... — Cette aimable jouvencelle est le plus friand morceau qui puisse raviver un appétit blasé, — la fleur la plus fraîche qu'un connaisseur émérite puisse souhaiter de cueillir!... Vertuchoux et mort de ma vie! je crois que si j'étais millionnaire, je ne regarderais point à cent mille écus pour me passer un semblable caprice!...

Tout ce verbiage ennuyait Grain-d'Orge. Il interrompit net La Bricole au milieu de son pathos exalté, et il lui dit :

— Avez-vous un plan?
— Oui.
— Voyons!

Mais le chevalier n'était point homme à arriver à son but sans de notables périphrases.

— Vous comprenez, — fit-il, — qu'une tentative d'enlèvement ne peut avoir lieu, au milieu d'une nombreuse famille, et dans un quartier populeux, sans amener un abominable scandale...

— Je comprends cela, et vous savez aussi bien que moi qu'il faut éviter ce scandale...

— Soyez tranquille, — tout est prévu.

— Mais, comment?
— La jeune fille a un frère aîné...
— Sergent aux gardes françaises?
— Tout juste.
— Eh bien?
— Par un bonheur fait exprès pour nous, ce frère se marie dans huit jours...
— Que nous importe?
— Il nous importe beaucoup. — Savez-vous où se fera la noce?
— Non, — et je ne tiens guère à le savoir...
— C'est pourtant là le point important. — Le repas et le bal auront lieu au Moulin de Javelle... — Comprenez-vous, maintenant?
— Je commence.
— Rien ne nous sera plus facile, à don Gusman de Tulipano et à moi, que de nous faufiler parmi cette cohue plébéienne, pendant le tumulte du bal, après l'enivrement du repas, — nous mettrons adroitement la main sur l'oiseau, — la cage sera là tout près, sous la forme d'un carrosse attelé de deux bons chevaux, — nous vous jetons l'enfant sur les bras, et, fouette, cocher! votre maître sera content et notre argent sera gagné...

Grain-d'Orge avait écouté ce qui précède, d'un air incontestablement approbateur.

— En effet, — dit-il ensuite, votre plan me semble ingénieux, et sa réalisation est aisée... — oui, décidément votre idée est bonne...

— Admirable tout simplement! — appuya La Bricole en tordant sa moustache.

— Que vous faut-il pour l'exécution?...

— Peut-être deux ou trois hommes sûrs, mais je me charge de les trouver ; — ensuite le carrosse en question.

— C'est mon affaire. — Vous dites que la noce aura lieu dans huit jours?

— Oui, samedi prochain, — c'est décidé, convenu, irrévocablement arrêté.

— Alors, vendredi, nous irons tous les trois au Moulin de Javelle, afin de nous y concerter mieux et d'aviser aux dernières dispositions à prendre...

— Sera-ce à l'heure du dîner?

— Pourquoi cela?

— Parce qu'on y dîne à merveille, — le vin est bon et les matelotes de carpes et d'anguilles ne rencontrent leurs pareilles ni à la Râpée ni à Bercy.

— Soyez tranquille, nous y dînerons.

— Oh! je connais la largesse de vos façons d'agir, et je sais que vous ne lésinez point sur les détails... Ceci m'encourage...

La Bricole s'interrompit.

— A quoi? — demanda Grain-d'Orge.

— A vous exposer que don Gusman de Tulipano et moi, nous éprouvons le besoin de renouveler notre garde-robe, dont le désarroi significatif ne manquerait point d'attirer l'attention sur nous, en une circonstance où tous nos soins doivent avoir pour but de rester inaperçus...

— Ce qui veut dire que vous demandez une nouvelle avance?...

— Pour frais de costumes, — oui, monsieur.

— Eh bien! soit — voici quinze louis; — mais songez à bien servir celui qui vous emploie et qui vous paye...

— Oh! — s'écria La Bricole avec enthousiasme et conviction, — pour un seigneur si généreux, on se ferait rouer de bon cœur!...

— D'ici à vendredi, — poursuivit Grain-d'Orge, — il est utile de nous voir encore une fois...

— Nous sommes à vos ordres.

— Je viendrai ici mercredi soir, et si, par hasard, il était survenu quelque incident nouveau, vous m'en feriez part...

— Nous n'y manquerions pour rien au monde...

Grain-d'Orge se retira.

La Bricole et Tulipano continuèrent à boire, après avoir partagé les quinze louis dont, bien entendu, le chevalier garda dix pour lui.

Le lendemain matin les deux bandits se rendirent, chacun de son côté, chez des brocanteurs de leur connaissance, afin d'y procéder au rajeunissement de leur toilette quelque peu délabrée.

Nous savons depuis lontemps que la vocation de La Bricole était de se donner des airs de gentilhomme. Pouvoir être pris pour un seigneur par les gens du menu peuple, lui semblait le bonheur suprême.

Le costume dont il se rendit acquéreur était de nature, du moins selon lui, à coopérer à cette illusion. Ce costume vendu sans doute de seconde main par quelque valet de chambre de grande maison, était arrivé chez le brocanteur après avoir subi des fortunes diverses. Il consistait en une culotte de velours d'une nuance indéfinissable, — en une veste de satin blanc, toute constellée de broderies délicates qui serpentaient en filets d'or autour des revers et des boutonnières, — et, enfin, en un habit de taffetas changeant surchargé de galons et d'agréments d'or.

Le satin de la veste était à la vérité fripé, fané, les broderies noires et éraillées.

Des galons de cuivre à peine doré avaient remplacé les galons jadis précieux de l'habit.

Mais qu'importait à La Bricole ?

Le costume — tel qu'il était — produisait son effet à distance.

C'en était assez pour satisfaire le bandit peu difficile.

Il compléta son accoutrement par une paire de bas de soie cramoisie, une cravate en fausse dentelle et un chapeau lampion, retapé à neuf et galonné à outrance.

Il chaussa des souliers à talons rouges, ornés sur le cou-de-pied de larges bouffettes de rubans jaunes.

Il attacha à son côté sa fidèle *Chatouilleuse*, et il sortit de chez le fripier — enchanté de lui-même — plus fier qu'Artaban, et chantonnant du bout des lèvres :

      Monnaie,
      Monnaie,
Il n'est pas, sans toi, de bonheur !...
      Tout homme
      Te nomme
Un vrai brevet de grand seigneur !

**Rejoignons**, s'il vous plaît, don Gusman de Tulipano qui, lui aussi, faisait peau neuve, tandis que son féal compagnon, le chevalier de La Bricole, s'adonisait ainsi que nous venons de le voir.

Don Gusman avait à la grandesse d'Espagne des droits aussi incontestables que ceux de La Bricole au titre de chevalier. Les souches de ces deux honnêtes gens se valaient.

Tulipano s'était rendu chez le fripier brocanteur et recéleur qui, d'habitude, subvenait, moyennant des prix infiniment modiques, aux nécessités de sa toilette.

Tout au contraire de La Bricole, dont nous connaissons la prédilection pour les dorures, les galons et les couleurs éclatantes, Tulipano n'aimait que le noir. Cette sombre couleur, pensait-il, allait bien à sa physionomie caractéristiquement basanée, et ajoutait à la distinction de sa personne. Il se contenta donc de métamorphoser ses vêtements de velours blanchi contre un autre costume, également de velours, mais d'une fraîcheur moins contestable.

Il fit l'emplette d'un sombrero tout neuf, vendu par un des laquais de l'ambassade espagnole, et d'un collier de cuivre doré enrichi de fausses pierreries et provenant de la défroque d'un comédien de la foire Saint-Laurent.

Un petit manteau noir, qui ne comptait guère plus de dix années de bons et loyaux services, se drapa élégamment sur son épaule, et, certes, jamais hidalgo n'offrit une plus fière tournure que celle de don Gusman accoutré de cette façon, marchant la tête haute, le torse cambré, et la main droite sur la hanche.

A le voir ainsi passer, on eût dit un descendant du Cid d'Andalousie, — ou quelque héritier en ligne droite de l'illustre don Quichotte de la Manche.

En ce moment Tulipano prenait au sérieux sa grandesse, et se demandait s'il ne ferait pas bien de se présenter à la cour.

## XIII

### LE MOULIN DE JAVELLE

Le vendredi suivant, La Bricole, don Gusman et M. Grain-d'Orge — ainsi que cela avait été convenu lors de leur entrevue du mercredi soir — se rencontrèrent, vers les onze heures du matin, à la taverne du *Broc d'Argent*.

Là ils prirent un fiacre qui les conduisit au Moulin de Javelle.

Le *Moulin de Javelle!*

Bien peu de personnes, aujourd'hui, connaissent ce nom et les galants souvenirs qui se rattachent à cette illustre guinguette. Et cependant pendant les dernières années du dix-septième siècle et pendant le dix-huitième tout entier, le *Moulin de Javelle* fut célèbre.

Cet établissement — moitié auberge — moitié guinguette, — n'offrait d'analogie avec rien de ce qui existe de nos jours.

Situé sur les bords de la Seine, presque en face de l'endroit où s'élève aujourd'hui le pont d'Iéna, le Moulin de Javelle jouissait du privilége de réunir une double clientèle.

C'était au Moulin de Javelle que grandes dames et galants cavaliers, — jolies bourgeoises et beaux garçons, — filles d'Opéra et vieux seigneurs, — aventurières et chevaliers d'industrie, venaient s'installer en partie fine.

C'était là aussi que se célébraient les retours des noces des petits bourgeois — des commerçants de moyen ordre, et même, parfois, du menu peuple.

Jamais endroit ne fut — plus que le Moulin de Javelle — fertile en incidents de toutes sortes — en péripéties bachiques ou dramatiques.

Aussi la comédie s'en est-elle emparée à deux reprises.

En 1696, Florent Carton Dancourt a fait jouer une pièce sous ce titre : *le Moulin de Javelle.*

De nos jours, M. Scribe a traité le même sujet avec un titre semblable.

Si les annales du Moulin de Javelle trouvaient un historien, le drame, plus d'une fois, s'y mêlerait aux scènes bouffonnes.

L'illustre guinguette dont il s'agit était la terre classique des enlèvements que tout semblait y favoriser, mais qui parfois aussi s'y dénouaient d'une façon sanglante.

Nous avons laissé trois des plus honorables personnages de cette histoire, le chevalier de La Bricole, don Gusman de Tulipano et Grain-d'Orge, en train de se rendre au Moulin de Javelle, dans le but d'étudier les lieux et de prendre leurs dispositions pour l'enlèvement projeté de Nanette Lollier.

Rejoignons-les sous la tonnelle verdoyante où, après avoir achevé leur reconnaissance, ils venaient de s'attabler devant un plat copieux de côtelettes de mouton aux cornichons, — et devant une véritable montagne de goujons frits.

Depuis cette tonnelle ils pouvaient voir et entendre tout ce qui se passait en face de la porte et dans le jardin, divisé en une multitude de cabinets par des charmilles taillées artistement comme de frêles murailles de verdure.

Leur repas achevé, il ne leur restait plus qu'à fixer d'une façon positive l'endroit où devrait stationner le carrosse dans lequel on jetterait Nanette Lollier aussitôt qu'on l'aurait séparée de sa famille.

Les complices se dirigèrent vers les bords de la Seine et examinèrent le terrain avec attention, — du moins Grain-d'Orge, car les deux autres étaient en ce moment légèrement avinés.

A une centaine de pas de la maison, le Mercure galant du seigneur inconnu avisa un petit bouquet d'arbres qui lui sembla propre à dérober aux regards indiscrets l'équipage dont il était essentiel de dissimuler la présence.

L'endroit était bien choisi, mais un peu loin de la maison.

Plus près, la plage gazonnée était complétement nue, et, le soir, encombrée de promeneurs.

Soudain Grain-d'Orge se frappa le front.

— Hein ? — demanda La Bricole, — qu'y a-t-il, mon noble ami ?...

— Il y a que j'ai une idée...

— Une idée !... voyons... dites-la !... — J'ai la meilleure idée de votre idée, moi !... Elle doit être bonne, mon bon...

— Jusqu'à ce jour, tous les enlèvements se sont effectués en carrosse...

— Mais... à moins de les faire à pied... ou à cheval... je ne vois pas trop comment on pourrait...

— Seulement; — interrompit Grain-d'Orge, — un carrosse a l'inconvénient de se remarquer toujours...

— Dame!... à moins d'être invisible... et les carrossiers n'ont pas encore inventé ce genre de carrosse...

— Eh bien! moi, je viens de trouver autre chose...

— Quoi donc?

— Nous n'enlèverons pas la petite fille dans une voiture...

— Ah! bah! et dans quoi donc, mon bon?

— Dans un bateau.

— Tiens! tiens!... — c'est votre idée, ça?...

— Oui. — Comment la trouvez-vous?

— Bonne... très bonne... aussi bonne, ma foi, que les côtelettes aux cornichons et les goujons frits de tout à l'heure... — Où sera-t-il, ce bateau?...

— Là, — confondu avec ces lourdes barques de pêche que nous voyons amarrées à la rive. Deux vigoureux rameurs attendront, — prêts à fendre l'onde, — et retrouvez donc une embarcation légère, dans l'obscurité et sur les eaux brumeuses d'un grand fleuve.

La Bricole saisit la main de Grain-d'Orge, et la secoua à la briser.

— Mon ami... mon noble ami... — lui dit-il, vous avez toute mon estime... — Quand j'aurai un million ou deux... je vous prendrai à mon service, mon bien bon... — Elle est magnifique, votre idée... — je suis bien fâché de ne pas l'avoir eue moi-même... car, si je l'avais eue, j'aurais de l'esprit... et j'adore les gens d'esprit...

— Ah çà ! — demanda Grain-d'Orge, — j'espère que lorsque le moment d'agir sera venu, vous aurez tout votre sang-froid...

— Qu'entendez-vous par là, Grain-d'Orge ?...

— J'entends que votre cerveau sera libre, en deux mots et pour parler plus clairement, que vous serez à jeun...

— Ah ! vous dites cela, mon bon... parce que ce matin j'ai la langue un peu épaisse. Mais, soyez paisible... je me connais ; — aussi, les jours d'action je ne bois que de l'eau.

— A merveille. — Maintenant je vous quitte et je retourne à Paris en toute hâte...

— Pourquoi donc si vite, cher ami ?

— Parce qu'il faut que je me procure aujourd'hui même une barque convenable et des bateliers sûrs...

— Allez donc, mon bien bon !... puisqu'il le faut... Mais, ventre de biche ! vous avez eu une belle idée !...

## XIV

### LE MARIAGE

Le samedi, jour fixé pour le mariage d'Eustache Lollier et de Rosette, était arrivé, — trop lentement au gré des deux amoureux.

Transportons-nous, dès le matin de ce jour, dans le modeste logis que madame Pierrefitte, la mère de Rosette, occupait au quatrième étage d'une maison de la rue Saint-Denis.

Tout était sens dessus dessous dans cet humble appartement.

Une demi-douzaine de charmantes jeunes filles, — au milieu desquelles Nanette Lollier brillait comme un diamant parmi des perles, — s'occupaient de la toilette de la fiancée. Cette dernière, éblouissante de fraîcheur et de grâce, était toujours souriante, mais moins franchement rieuse qu'à l'ordinaire.

La belle jeune fille, malgré l'infinie légèreté de son caractère, aimait de toute son âme le sergent aux gardes françaises, et l'approche du bonheur la faisait rêver et donnait un peu de sérieux à son esprit.

Ses compagnes trouvaient un plaisir sans égal à l'ajuster dans ses blancs atours de mariée.

L'une accrochait par derrière les agrafes du corsage qui dessinait à ravir sa taille si fine et si souple. Une autre attachait sur ses beaux cheveux blonds le long voile de mousseline dont les plis flottants donnaient à sa figure mutine une expression chaste et presque recueillie.

Nanette, enfin, fixait à sa ceinture le bouquet de fleurs d'oranger symbolique.

— Voilà qui est fait, — dit-elle quand elle eut achevé sa tâche ; — et regardez donc un peu, mesdemoiselles, comme, ainsi parée, ma Rosette est jolie !…

— Tu me flattes toujours ! — répondit vivement Rosette ; — et c'est parce que tu m'aimes que tu me vois en beau ! — Mais c'est toi, Nanette, c'est toi, petite sœur, qui seras une merveille avec le voile et la couronne de mariée !… — Oh ! que je voudrais être au jour où, à mon tour, je t'habillerai ! Heureusement que ce jour viendra bientôt…

— Bah ! qui sait ? — répliqua Nanette en riant.

— Comment, qui sait ? — est-ce que tu te figures que, belle comme te voilà, avec un vrai visage de sainte Vierge, les épouseurs te manqueront ? — J'ai bien trouvé un mari, moi, et un bon !

— Oh ! ce n'est pas une raison…

— Au contraire, c'en est une, — et je la crois sans réplique.

— Il est possible que tu aies raison ; mais je t'assure que mes pressentiments ne sont pas de ton avis…

— Tes pressentiments ?
— Oui.
— Tu en as donc ?
— Très souvent et toujours les mêmes.

— Que te disent-ils?

— Que je n'aurai jamais de mari.

— Allons donc! ces pressentiments-là n'ont pas le sens commun!... est-ce que par hasard tu voudrais te faire religieuse?

— Ma foi, non, — répondit Nanette avec un mouvement de tête plein de coquetterie enfantine.

— Tu vois bien... — il n'y a cependant pas de milieu... le couvent ou un mari. — Encore une fois, ce n'est pas avec ta beauté qu'on reste vieille fille !

— Mais, quand on meurt... — murmura Nanette d'une voix à peine distincte.

Cependant Rosette l'entendit.

— Enfant ! — lui dit-elle en l'embrassant, — est-ce que tu vas m'attrister ?... Songe donc que, si tu dis de pareilles folies, je vais pleurer, moi, d'abord... et si ton frère me voit les yeux rouges, il ne sera pas content.

Nanette allait répondre. Mais on frappa à la porte de la chambre, et une voix bien connue demanda:

— Puis-je entrer?

Cette voix était celle d'Eustache Lollier, qui, ce jour-là, n'avait pas encore vu sa fiancée.

Nanette courut à la porte, qu'elle ouvrit à son frère.

Le jeune sergent avait revêtu son uniforme de grande tenue; il était magnifique, et plus d'une grande dame, nous l'affirmons, n'aurait point dédaigné de jeter sur lui un regard d'investigation connaisseuse.

Il embrassa successivement toutes les jeunes filles qui se trouvaient là, — en commençant par sa blonde fiancée et en finissant par sa sœur. Puis il annonça que les fiacres qui devaient charrier les gens de la noce stationnaient devant la porte et n'attendaient plus que les mariés et leur suite.

La toilette était terminée, — les grands parents étaient prêts. — On descendit et on partit pour l'église.

Les jeunes époux courbèrent le front sous la bénédiction du vénérable prêtre qui leur dit, en les unissant, quelques paroles simples et touchantes.

Ils prononcèrent le oui solennel, et, devant Dieu et devant les hommes, ils appartinrent l'un à l'autre.

Lorsqu'ils redescendirent la nef pour regagner les voitures, on entendait, dans la foule qui s'empressait sur leur passage, s'échanger les phrases suivantes :

— Oh! comme la mariée est jolie!...

— Mais il me semble, compère, que le marié ne lui cède en rien!

— C'est vrai... si l'une est une jolie fille, l'autre est un bien beau garçon!

— Quel couple charmant!...

— Et comme ils ont l'air heureux!

— Ma foi, je voudrais bien être à la place du marié!...

— Et vous, à celle de la mariée, peut-être...

— Mais, voyez donc, parmi les filles d'honneur, cette jeune fille aux cheveux bruns!...

— C'est celle-là qui est jolie!...

— Un trésor!...

— Mais je la connais bien, moi...

— Qui donc est-ce?

— C'est la sœur du marié... c'est la belle Nanette

Lollier, la fille de la mère Lollier de la rue Aubry-le Boucher...

— Eh bien! la mère Lollier peut se vanter d'avoir fait de beaux enfants!...

Voilà ce qui se disait, et bien d'autres choses encore, dont nous remplirions facilement dix ou douze pages, — et même un peu plus. Mais nous préférons nous abstenir.

La noce sortit donc de l'église, — chacun des conviés reprit dans un des fiacres sa place respective, et le cortége se mit lentement en marche vers le Moulin de Javelle, où, depuis le commencement de ce livre, nous avons si souvent conduit nos lecteurs.

On était en été, — la température était douce et le temps magnifique.

Par les soins d'Eustache les tables du banquet avaient été dressées, non point dans l'une des salles intérieures de la guinguette, mais sur une vaste pelouse entourée de grands arbres, et qui s'étendait à la gauche de la maison. C'est là aussi que le bal devait avoir lieu après le repas, — et une estrade, formée par des planches posées sur des tonneaux, avait été installée entre deux tilleuls pour l'orchestre, emprunté comme nous savons, par Eustache, à la musique des gardes françaises.

C'est assez dire combien cet orchestre devait être supérieur à tous ceux qui faisaient d'habitude retentir du bruit criard de leurs aigres crins-crins les échos du Moulin de Javelle.

Le repas se passa comme tous les repas de noces, — on mangea, — on but, — on chanta des couplets de circonstance, improvisés, pour les époux, par les poëtes de la société. Puis, enfin, on quitta la table ; et comme il était de beaucoup trop bonne heure encore pour se mettre en danse, on proposa une promenade sur l'eau. Cette motion fut accueillie avec empressement par tout le monde, et avec un véritable enthousiasme par toutes les jeunes filles.

M. Gélinotte envoya la grosse Simone mettre en réquisition les pêcheurs d'alentour avec leurs barques, et, au bout de quelques instants, les convives de la noce se dirigèrent vers le bord de l'eau.

Une véritable escadrille de barques plates et lourdes, aux grossiers avirons, attendait les promeneurs.

Chacun s'installa. Mais les barques se trouvèrent pleines, et il restait encore cinq ou six personnes sur la rive.

Quelqu'un avisa, à une vingtaine de pas de l'endroit en question, un canot peint en noir, et qui semblait d'une légèreté phénoménale comparé aux autres embarcations.

Dans ce canot dormaient, couchés sur le ventre, deux hommes en costume de pêcheurs.

— Voilà des gens qui vont nous conduire, — dit, en désignant le canot en question, le père Lollier, lequel se trouvait au nombre des retardataires.

On s'approcha du canot.

— Hé ! mes braves gens... — dit l'employé à la propreté du Carreau des Halles en se faisant un porte-voix avec ses deux mains. — Dormez-vous ?

L'un des hommes couchés dans la barque releva la tête.

— Vous voyez bien que non, — dit-il d'un ton bourru.

— Voulez-vous nous laisser monter dans votre barque et nous conduire ?

— Non.

— Pourquoi ?

— Parce que ça ne nous convient pas.

— Mais, — reprit le père Lollier, — nous ne vous demandons pas de nous rendre ce service-là pour rien... vous serez payés, et bien payés...

Le pêcheur avait déjà laissé retomber sa tête sur ses bras et semblait rendormi.

— Ainsi, — demanda de nouveau le père de Nanette, — vous ne voulez pas ?...

— Non ! sacrebleu ! non ! trois fois non ! — répliqua le pêcheur, — notre barque est à nous, je pense, — laissez-nous donc en repos ! — Nous ne vous promènerons pas !...

En face d'une décision aussi nette, — exprimée d'une façon aussi énergique, il n'y avait plus rien à tenter.

Les convives qui n'avaient pas de place dans les barques durent donc se contenter d'une promenade à pied sur le bord de l'eau.

## XV

### LE CANOT NOIR

La nuit descendit, calme et sereine, — le ciel, sans nuages, mais étoilé, souriait à la terre, — de tous côtés on entendait retentir les chants joyeux des buveurs avinés.

Les promenades sur l'eau étaient depuis longtemps finies et tous les conviés de la noce d'Eustache Lollier, rassemblés dans la salle de verdure dont nous avons déjà parlé, n'attendaient qu'un signal pour ouvrir le bal. Quelques quinquets, attachés au tronc des grands arbres, projetaient une lueur indécise qui semblait à tous un brillant éclairage.

Enfin retentirent les premiers accords des musiciens des gardes françaises, huchés sur leur estrade en compagnie de nombreux brocs de vin vieux.

Aussitôt la danse commença.

Eustache avait pris la main de sa femme.

Nanette Lollier avait abandonné la sienne à un jeune sergent, ami intime de son frère.

Les deux couples s'ébranlèrent à la fois, et commencèrent à dessiner gracieusement les figures du gothique rigodon.

Tandis que tout ceci se passait sur la pelouse, quatre personnages, dont deux sont de notre connaissance, erraient d'une façon mystérieuse dans la partie la plus sombre de la prairie, derrière les grands arbres qui formaient l'enceinte de la salle de danse.

C'étaient le chevalier de La Bricole, — don Gusman de Tulipano et deux chenapans en sous-ordre, recrutés pour la circonstance, et dont trois ou quatre louis, au plus, devaient payer très libéralement les services.

— Attendez-moi là... — dit tout à coup La Bricole à ses compagnons.

— Où vas-tu? — demanda Tulipano.

— Je reviens, — répliqua le chevalier sans s'expliquer davantage.

Et, d'un pas allongé comme le trot d'un cheval de course, l'homme maigre se dirigea vers la rive de la Seine et gagna cet endroit où nous savons qu'était amarré le canot noir.

Mais le canot se perdait si complétement dans les ténèbres qu'il était impossible de le distinguer.

— Psit!... — dit le chevalier en s'arrêtant.

Rien ne répondit.

— Psit!... — répéta-t-il une seconde fois avec une intonation particulière.

Sans doute la double répétition de ce son aigu et prolongé était une chose convenue d'avance, car une voix, traversant l'obscurité, répondit aussitôt :

— Nous voilà.

— Où diable êtes-vous? — demanda La Bricole tout bas.

— Ici.

— Je n'y vois goutte.
— A droite et à quatre pas. — Vous y êtes...

Le chevalier suivit en effet cette indication et se trouva à la pointe du canot noir.

Les deux hommes, en costume de pêcheurs, n'étaient plus couchés, mais assis. Ils tenaient à la main leurs avirons légers, dont les anneaux se fixaient à de petits *tolets* de fer.

Un troisième personnage se leva et sauta sur le rivage, à côté du chevalier.

C'était Grain-d'Orge.

— Où en sommes-nous ? — demanda ce dernier.

— Nous touchons au but. — Avant une heure vous aurez la petite...

— Bien. — Où avez-vous laissé vos hommes ?

— Là-bas, près de l'endroit où l'on danse.

— Comment attirerez-vous l'enfant ?

— C'est mon affaire.

— Vous savez... ni bruit, ni scandale...

— Pardieu ! — les choses se passeront si doucement que personne ne s'apercevra de rien...

— A merveille. — De notre côté, nous sommes en mesure pour démarrer immédiatement.

— Vous vous rappelez la somme convenue ?

— Ces choses-là ne s'oublient point.

— Vous avez l'argent sur vous ?

— Oui, répondit Grain-d'Orge en frappant sur sa poche, qui rendit un son métallique, — la somme est là, en or, dans une bourse de peau...

— Parfait ! — Et vous me la remettrez ?...

— En échange de la petite... — Donnant, donnant, — vous me la tendrez d'une main, vous toucherez de l'autre...

— Je n'en demande pas davantage, et je retourne à mon poste...

Le chevalier rejoignit en effet son monde, sans perdre un instant. Il installa don Gusman et les deux hommes derrière un buisson qui se trouvait à une trentaine de pas de l'endroit où l'on dansait, et il leur dit :

— Vous avez le bâillon ?

— Oui, — répondit un des hommes.

— Et vous savez vous en servir ?

— Je n'ai fait que ça toute ma vie...

— Prenez garde, surtout, de blesser la petite personne.

— Soyez tranquille.

— Qu'elle ne puisse pas pousser un seul cri, mais ne lui faites pas le moindre mal.. — Livrer une marchandise détériorée, ça n'est point reçu ! Diable, soyons honnêtes !...

Ces explications données, La Bricole se dirigea vers les cuisines du Moulin de Javelle.

Il avisa deux marmitons à qui il fit signe de le suivre ; — les enfants, éblouis par les galons de cuivre doré du chevalier, ne firent point la sourde oreille.

La Bricole les conduisit dans un endroit, où, à travers une éclaircie du feuillage, on voyait le bal et les danseurs.

— Petits garçons, — leur dit-il, — qu'est-ce que vous penseriez si je vous donnais à chacun un écu ?

— Dame! nous penserions que nous serions bien aises... mon prince...

— Eh bien, mes enfants, les voici. Mais il faut les gagner...

— Est-ce difficile ?

— Non.

— Alors, mon prince, qu'est-ce qu'il faut faire?

— Il s'agit d'une petite farce... d'une simple plaisanterie que je veux faire à mon cousin et à ma cousine qui sont de la noce...

— Ah!... ah!...

— Tu vois bien, — reprit La Bricole en s'adressant à l'un des marmitons auquel il désigna Marcel, — tu vois bien ce joli jeune homme, qui se tient là, debout, près de l'orchestre ?...

— Celui qui ressemble presque à une demoiselle ?...

— Oui.

— Eh bien?

— Tu vas t'en aller doucement auprès de lui, sans faire semblant de rien... — Tu lui diras, en le tirant par sa manche : — *C'est vous qui êtes monsieur Marcel ?* — il te répondra: — *Oui.* — Tu lui ajouteras : — *Venez avec moi, il y a par là une jolie dame qui veut vous parler...*

— Ça n'est pas difficile.

— Il te suivra et tu le conduiras de ce côté-là, sur la route de Paris, pendant au moins cinq minutes...

— Et, ensuite?

— Ensuite, tu auras l'air de ne plus trouver la dame, vous reviendrez tous les deux, et tu auras gagné ton petit écu, que voici d'avance.

L'enfant empocha l'argent.

— As-tu compris ? — demanda La Bricole.

— Parfaitement, mon prince...

— Alors, va vite...

Le marmiton se glissa dans le bal.

Il s'approcha de Marcel, auquel il parla tout bas. — Les yeux du frère de Nanette brillèrent d'une flamme vive, et il suivit le jeune Mercure en veste blanche.

— Et d'un !... — pensa La Bricole. — A ton tour, maintenant, — dit-il à l'autre marmiton.

— Qu'est-ce que vous me commanderez, mon prince ?

— Tu vois bien cette jolie demoiselle, qui rattache une épingle à la mariée ?

— Cette demoiselle qui a des cheveux noirs avec des roses rouges, et qui ressemble au jeune homme de tout à l'heure ?

— Elle-même. — C'est ma cousine. — Tu feras comme ton camarade, — tu t'approcheras d'elle, et tu lui diras : — *Est-ce vous qui êtes mademoiselle Nanette ?*

— Elle me répondra : — *Oui.*

— Tu as de l'esprit comme un ange, toi marmiton !... — tu lui diras : — *Votre frère Marcel m'envoie pour vous dire qu'il vous attend pour une surprise à faire à la mariée...* Te rappelleras-tu bien ?

L'enfant répéta la phrase.

— Au lieu d'un petit écu tu en auras deux, — les voici...

— Merci, mon prince !...

— Tu amèneras la jeune personne près de ce buisson que tu vois d'ici, — et c'est moi qu'elle y trouvera au lieu de son frère, — ce sera fort drôle... — Allons, cours !

Le marmiton obéit. Il s'approcha de Nanette à laquelle il débita avec un aplomb imperturbable les deux phrases convenues.

La jeune fille ne conçut pas l'ombre d'un doute.

— Où donc est-il, mon frère ? — demanda-t-elle.

— J'vas vous conduire vers lui, mam'selle, — répondit l'enfant.

Nanette le suivit en ayant grand soin d'empêcher que sa sortie ne fût remarquée, de crainte qu'on ne la questionnât et que cela fît manquer la surprise.

Les quatre complices, — muets, — étouffant leur haleine, — attendaient derrière le buisson.

La jeune fille le dépassa en disant gaiement :

— Marcel, es-tu là ?... me voici...

Au même instant, elle sentit une main vigoureuse appuyer sur sa bouche un mouchoir, tandis que quatre bras la soulevaient et l'emportaient rapidement.

Le marmiton était déjà retourné à la cuisine, — riche de ses deux écus et se demandant à quel usage il allait consacrer cette somme importante.

Quelques minutes après ce moment, le canot noir, détaché de la rive, glissait comme une flèche sur les eaux de la Seine, poussé dans le sens du courant par les avirons de deux rameurs expérimentés.

M. Grain-d'Orge soutenait dans ses bras un corps inanimé qui devait être celui d'une jeune fille évanouie.

La Bricole et don Gusman comptaient les pièces d'or sur la plage.

Le bal continuait, plus joyeux.

8

# XVI

### TROIS ANS APRÈS

Nous prions nos lecteurs de ne pas s'en prendre à nous si les faits par lesquels commence cette seconde partie, — et sur lesquels, du reste, nous allons passer très rapidement, — leur paraissent peu vraisemblables.

Nous n'inventons rien. S'ils ne s'en rapportent point aveuglément à notre parole, ils peuvent consulter la source où nous puisons : ARCHIVES SECRÈTES DE LA POLICE DE PARIS, — *tome* II, *page* 170 *et suivantes.*

Nous n'avons pas besoin de dire combien fut profond le désespoir de la famille Lollier après ce bal de noces, commencé d'une façon si joyeuse et fini si tristement.

Toutes les recherches faites pour découvrir ce qu'était devenue Nanette furent complétement infructueuses. Le seul renseignement sur lequel il fût possible de se baser pour une enquête, était le signalement de l'homme grand et maigre, donné par les deux marmitons du Moulin de Javelle, qui avaient été été chargés par lui de faire tomber dans un double piége Marcel et Nanette Lollier. A coup sûr cet homme était le même que celui qui, quelques jours auparavant, avait eu l'audace de se présenter rue Aubry-le-Boucher, chez la poissarde, en se disant l'ami du sergent aux gardes françaises.

Eustache fouilla Paris jusque dans ses bas-fonds les plus ténébreux, pour retrouver cet homme. Mais il ne put en venir à bout. Le chevalier de La Bricole, — nanti des louis d'or de Grain-d'Orge, — avait quitté la grande ville où il ne devait plus revenir, car don Gusman de Tulipano, son digne ami, après avoir témoigné le désir de l'accompagner dans ses pérégrinations, l'avait bel et bien assassiné à la première couchée, pour s'emparer du sac de peau gonflé d'or.

D'ailleurs, quand bien même on eût mis la main sur le chevalier, à quoi cela eût-il servi ? La Bricole ne savait rien, et, par conséquent, n'aurait rien pu dire.

Peu à peu, tout espoir de voir revenir Nanette se perdit.

Certes, on n'oublia point la jeune fille, mais on évita de parler d'elle dans sa famille, car chaque fois que le nom de son enfant chérie était prononcé devant Marie-Jeanne, la pauvre mère retombait dans les crises d'un désespoir effrayant.

Trois années se passèrent ainsi. Puis, un beau matin, un *gagne-denier*, ou commissionnaire, vint apporter une lettre à madame Lollier.

Marie-Jeanne avait déjà quitté son logis pour aller à la Halle.

Le commissionnaire était payé. -- Il laissa la lettre et il s'en alla.

A l'heure accoutumée, la poissarde revint, et la lettre lui fut remise.

La poissarde ne savait pas lire, et son embarras se trouvait fort grand.

Par bonheur, en ce moment, son fils Eustache arrivait chez elle, avec sa femme, la blonde Rosette, qui riait un peu moins souvent qu'autrefois, quoiqu'elle se trouvât encore plus heureuse, et qui l'avait déjà rendu père de deux beaux enfants.

— Eustache, — lui dit Marie-Jeanne, — toi *qu'est* un savant, lis-moi donc un peu ce qu'il y a là-dessus...

— Volontiers, ma mère, — répondit le sergent en prenant la lettre.

Il brisa le cachet, — déploya le papier, — le défripa en le frottant sur sa manche, avec ce geste qui est devenu de tradition au théâtre, puis, jetant les yeux sur les premières lignes, il s'écria tout à coup :

— Ah ! mon Dieu !... ah ! mon Dieu !...

— Eh bien, quoi !... — demanda vivement Marie-Jeanne — qu'est-ce que c'est ?... Un malheur ?...

— Oh! ma mère... bien loin de là !...

— Enfin, je respire... dis vite... dis vite !...

— Ma mère... soyez forte...

— Je le suis... mais tu me fais trembler... va donc...

— Eh bien... Nanette...

Marie-Jeanne devint pâle comme une morte.

— Nanette... — répéta-t-elle, — tu as dit : *Nanette*... et quand je t'ai demandé si c'était un malheur,... tu as répondu *bien loin de là*...

La pauvre femme ne put en dire plus long. La

voix lui manquait, ses jambes tremblaient et se dérobaient sous elle.

Rosette lui avança une chaise et l'aida doucement à s'asseoir.

— Ecoutez donc, ma mère... — reprit Eustache, — mais, encore une fois, soyez forte...

Et il lut :

« Madame,

» Votre fille, mademoiselle Nanette Lollier, est sous ma garde, dans le couvent des Carmélites de la rue du Bouloy, dont je suis l'abbesse.

» Je la remettrai, soit entre vos mains si vous venez la chercher vous-même, — soit entre celles de quelque prêtre respectable et connu de moi s'il se présente de votre part et muni de votre mandat.

» Et je prie Dieu du fond de mon cœur de veiller sur vous et sur les vôtres. »

Puis venait la signature de la supérieure.

Quand Eustache eut achevé, Marie-Jeanne avait l'œil fixe et le regard sans expression.

Sa pâleur ne diminuait point.

— Ma mère, — s'écria le jeune homme, — ma mère, avez-vous entendu ?...

— Recommence, — dit lentement Marie-Jeanne, — je veux entendre encore, — il me semble que je n'ai pas compris !

Le sergent aux gardes recommença sa lecture.

A chaque phrase, — à chaque ligne, — à chaque mot, un changement inouï, prodigieux, se faisait sur le visage de la poissarde.

Le sang colorait ses joues, — son front rayonnait, — la joie illuminait son regard.

Lorsque le jeune homme eut prononcé le dernier mot de la dernière ligne, Marie-Jeanne se leva, et, pendant quelques minutes, on eût pu croire qu'elle était devenue folle.

Elle riait, — elle chantait, — elle frappait dans ses mains, — elle dansait comme une jeune fille, en répétant :

— Nanette est retrouvée !... Nous allons la revoir... Courons !... courons !... il ne faut pas perdre une minute...

Enfin, cette effervescence se calma quelque peu. — Marie-Jeanne comprit qu'elle ne pouvait se présenter au couvent dans sa toilette de la Halle.

Elle se hâta donc de revêtir ses plus beaux atours, et, montant avec Eustache et Rosette dans un fiacre que le jeune homme était allé chercher pendant que sa mère s'habillait, elle donna l'ordre au cocher de les conduire, d'abord, au logis du curé de la paroisse.

Nous savons depuis longtemps que ce digne prêtre était le protecteur, et en quelque sorte l'ami de la famille Lollier. Il sympathisait à toutes ses peines, il prenait part à toutes ses joies. En ce temps-là, lorsqu'il était question d'une affaire de haute importance, c'était presque toujours au curé qu'on s'adressait afin de lui demander un conseil. Le plus souvent, cette confiance était justifiée, et, dans bien des circonstances, l'intervention d'un bon prêtre remplaçait avec infiniment d'avantage celle des gens de loi et de justice. Dans tous les cas, jamais confiance n'avait été mieux placée que celle que Marie-Jeanne témoignait au curé de sa paroisse, homme excellent, charitable et éclairé.

La poissarde lui montra la lettre qu'elle venait de recevoir.

Il se réjouit du bonheur inattendu qui venait d'arriver à l'honnête famille. Il témoigna tout le plaisir qu'il aurait à recevoir cette charmante Nanette, qu'il avait baptisée jadis.

Et, enfin, il offrit à madame Lollier de l'accompagner au couvent des Carmélites.

C'était ce que souhaitait Marie-Jeanne.

Le bon curé monta dans le fiacre avec Eustache et les deux femmes, et le véhicule se dirigea vers la rue du Bouloy.

## XVII

### LE PARLOIR DES CARMÉLITES

Les visiteurs furent introduits à l'instant même dans le parloir du couvent, et la supérieure vint les y rejoindre sans retard.

Le curé lui expliqua en peu de mots le but de leur venue.

— Madame, — dit alors la supérieure à Marie-Jeanne, — ainsi que je vous l'ai écrit, je vais remettre votre fille entre vos mains : mais, d'abord, je dois vous dire comment il se fait qu'elle se trouve ici.

« Hier au soir, on est venu m'annoncer que deux inconnues demandaient à me parler pour une affaire d'importance.

» Je les reçus et je vis une dame d'un âge déjà avancé et de l'apparence la plus respectable, accompagnée par une charmante jeune fille.

» La dame âgée me supplia de donner asile à sa compagne jusqu'au moment où la famille de cette dernière pourrait la faire réclamer, et, déposant sur cette table un coffret assez lourd, elle ajouta : — Voici vingt mille livres en or qui serviront à payer la dot de mademoiselle, si mademoiselle consent à entrer en religion, ou qui lui seront remises à elle-même, si elle sort librement de ce couvent pour rentrer dans sa famille.

» Il me fut impossible, — poursuivit la supérieure, — de refuser de me prêter à la bonne action qu'on me demandait.

» La dame âgée se retira satisfaite, et aujourd'hui, dès le matin, je vous écrivis la lettre que vous avez reçue....

» Depuis hier au soir j'ai beaucoup causé avec mademoiselle Nanette, qui me paraît une charmante enfant, douce et bonne, et remplie d'esprit naturel.

» J'ai tenté de lui adresser quelques questions, relativement aux circonstances qui l'ont éloignée de sa famille pendant trois années. Mais, aussitôt que je touchais à cette corde, la jeune fille se renfermait dans un silence absolu... — J'ai dû renoncer à l'interroger sur ce sujet... — Peut-être vous, madame, qui êtes sa mère, serez-vous plus heureuse...

» Je vais vous chercher votre enfant. »

La supérieure sortit en effet du parloir.

Pendant cette absence, qui dura quelques minutes, le bon curé et Marie-Jeanne ne purent s'empêcher de se dire à voix basse combien leur semblaient étranges les circonstances rapportées par la religieuse, et que, cependant, ils ne pouvaient mettre en doute.

Ainsi, pourquoi cette femme inconnue avait-elle conduit Nanette au couvent des Carmélites plutôt que de la ramener droit chez ses parents, ce qui semblait bien plus naturel?

Cela était inexplicable.

Pourquoi encore cette dot de vingt mille francs, et

qui donc pouvait avoir un intérêt à ce que la jeune fille entrât en religion?

Aucune solution, ayant l'ombre de vraisemblance, ne se présentait pour résoudre ce problème.

La supérieure rentra. Nanette Lollier était avec elle.

La jeune fille courut ou plutôt bondit jusqu'à sa mère, et les deux femmes s'unirent dans une de ces étreintes ineffables où le cœur se fond sous les baisers, où les larmes jaillissent des yeux, — larmes de bonheur et d'ivresse, — hélas! trop rares dans la vie!

Puis, après ce long embrassement, ce fut le tour d'Eustache et de Rosette.

Nanette Lollier, trop émue pour pouvoir parler, se taisait; mais ses caresses avaient une bien autre éloquence que celle du langage.

Enfin la jeune fille s'agenouilla devant le vieux prêtre et lui demanda sa bénédiction.

— Oh! oui... — murmura-t-il en étendant ses mains au-dessus de sa tête ; — oh! oui, que Dieu vous bénisse... pauvre chère fille... pauvre brebis, revenue au bercail.

Puis Jeanne, qui, jusqu'à ce moment, avait sangloté de joie, essuya de son mieux ses larmes et regarda son enfant avec un indicible sentiment d'orgueil maternel.

C'est que Nanette était bien belle!...

Bien plus belle encore que lorsqu'elle avait disparu trois ans auparavant.

A cette époque, Nanette achevait à peine sa quinzième année — elle n'était encore qu'une enfant.

Maintenant la jeune fille atteignait à toute la plénitude de sa beauté sublime.

Elle avait grandi, — ses formes s'étaient développées ; — des tons d'une incomparable fraîcheur remplaçaient la pâleur harmonieuse, mais peut-être un peu uniforme de son visage, qui semblait cependant n'avoir rien perdu de sa sereine chasteté.

— Oh! mon enfant, — balbutia Marie-Jeanne en attirant de nouveau sa fille sur son cœur, — voici donc que tu m'es rendue, et maintenant tu ne me quitteras plus, n'est-ce pas ?

— Oh ! jamais !... jamais !... ma mère... répondit vivement Nanette.

— Cependant, — fit la supérieure en souriant, — si la vocation de mademoiselle était de se consacrer à Dieu, vous êtes trop bonne mère, madame, pour vous opposer à ce pieux désir...

— Nanette... — demanda vivement Marie-Jeanne en regardant sa fille avec une sorte d'effroi, — est-ce que tu veux être religieuse ?

— Non, ma mère, — répliqua Nanette en secouant doucement la tête, — j'aime mieux rester près de vous.

— Le monde est dangereux, ma chère fille, — reprit l'abbesse ; — c'est au couvent, croyez-moi, qu'on trouve le calme, le repos, le vrai bonheur...

— Ah ! madame, je vous crois, — dit la jeune fille en hésitant ; — seulement il me semble que ce n'est pas pour ce bonheur-là que je suis née...

— Ainsi, mon enfant, vous allez nous quitter ?

— Avec bien du regret, madame ; mais vous le voyez, ma mère désire que je revienne auprès d'elle, et, ce désir, je le partage...

— Votre résolution est prise?

— Oh! madame, irrévocablement prise.

Ceci fut dit avec une douceur extrême, mais en même temps avec un air de décision sans réplique.

La supérieure n'insista pas, quoiqu'elle se sentît triste du départ de cette jeune fille si séduisante, à laquelle elle s'était attachée depuis quelques heures.

— Alors, mon enfant, reprit-elle, il ne me reste qu'à vous remettre les vingt mille livres qui vous auraient servi de dot, si vous étiez devenue l'épouse du Seigneur.

Et elle présenta à Nanette le petit coffret rempli d'or dont nous avons déjà parlé.

Ce coffret était lourd, — Eustache s'en chargea.

Les visiteurs prirent congé de la religieuse, qui ne voulut point se séparer de Nanette sans l'avoir embrassée tendrement.

— Qui sait, mon enfant! lui dit-elle, — peut-être nous reviendrez-vous un jour.

— Je ne le crois pas, madame, — répondit Nanette en souriant; mais jamais je n'oublierai la bonté touchante avec laquelle vous m'avez accueillie.

A la porte du couvent, le bon curé se sépara de ses paroissiens, pour aller faire une visite à son confrère le curé de Saint-Eustache.

Marie-Jeanne, Nanette, Eustache et Rosette remontèrent dans le fiacre, qui les ramena rue Aubry-le-Boucher.

Toutes les courses, toutes les démarches que nous venons de raconter avaient pris du temps.

Les divers membres de la famille Lollier étaient rassemblés et s'étonnaient fort de l'absence prolongée de Marie-Jeanne — absence dont personne ne savait la cause.

Les voisins avaient bien raconté à André Lollier que la poissarde, son fils et sa belle-fille étaient montés ensemble dans un fiacre, et ce fait seul, si en dehors des habitudes économiques de la digne mère de famille, fournissait matière à des conjectures sans nombre, dont aucune n'approchait de la vérité.

Qu'on juge de ce qui se passa dans tous les esprits et dans tous les cœurs, quand on vit Nanette descendre de voiture à la porte de la maison ! Les larmes et les embrassements recommencèrent, et cette scène touchante dura jusqu'au soir.

Le lendemain matin, Marie-Jeanne n'alla point à la Halle comme de coutume.

Elle voulait consacrer cette journée tout entière à sa fille, elle ne pouvait se rassasier du bonheur de la voir, et puis, disons-le, son projet était de l'interroger sur le passé, bien convaincue que ce que Nanette avait voulu taire à la supérieure du couvent des Carmélites, elle le lui dirait, à elle.

En conséquence, elle ne tarda point beaucoup à entrer en matière. Mais, dès les premiers mots, Nanette l'arrêta.

— Ma bonne mère, lui dit-elle avec une fermeté qui imposa à Marie-Jeanne une sorte de respect, — ne m'interrogez pas, je vous en supplie, car je ne pourrais pas vous répondre.. — Vous savez si je vous aime, et si volontairement, je vous causerais un chagrin quelconque... mais, j'ai juré, — juré *sur ma part de Paradis*, vous m'entendez, ma mère, — de ne jamais révéler le secret des trois années qui viennent de s'écouler... Tout ce que je puis vous dire, c'est que votre Nanette bien-aimée ne fut jamais coupable et que sa conscience est aussi pure que le jour où elle a été séparée de vous...

En face de cette déclaration, — en face du serment dont parlait la jeune fille, — Marie-Jeanne, à son grand regret, fut obligée d'imposer silence à sa curiosité, et les investigations en restèrent là.

Quelques jours s'écoulèrent.

André Lollier et Marie-Jeanne causaient souvent ensemble de leur désir de donner à Nanette une profession qui, jointe aux vingt mille livres dont la source était inconnue, en fît le plus brillant parti du quartier des Halles.

Marie-Jeanne se reprenait à choyer son ancien projet d'associer sa fille à son commerce et d'en faire une grosse marchande de marée. Mais la poissarde ne savait comment s'y prendre pour confier à Nanette ses désirs et ses espérances.

C'est qu'en effet, pendant son absence de la maison paternelle, la jeune fille avait pris un aplomb singulier, et sa fermeté, douce, mais énergique, inspirait à ses parents une très grande considération pour elle.

Cependant, un soir la poissarde se décida à parler et fit étinceler aux yeux de sa fille une existence émaillée de raies, de plies, de limandes, de barbues et de turbots.

Nanette l'écouta en souriant et la laissa dire jusqu'au bout.

— Eh bien? — demanda Marie-Jeanne quand elle eut achevé.

— Eh bien! ma mère, — répondit la jeune fille, —

j'ai senti comme vous la nécessité d'une occupation...
et j'en ai choisi une d'accord avec mes goûts..

— Ah ! tu as choisi ?...

— Oui, ma mère.

— Et, c'est ?...

— Vous vendez du poisson, — reprit Nanette, — moi j'aime les fleurs... et j'en veux vendre... — Vous êtes marchande de marée, — je serai bouquetière.

## XVIII

### LA BOUQUETIÈRE DU PALAIS-ROYAL

La mère Lollier recula d'un pas, — elle laissa tomber ses bras le long de son corps; — ses traits prirent une expression de stupeur et d'épouvante, et elle répéta, comme quelqu'un qui croit avoir mal entendu :

— Bouquetière !

— Oui, ma mère, — répondit Nanette en souriant.

— Mais tu n'y penses pas !

— J'y pense, au contraire, et depuis longtemps.

— Bouquetière !... ça n'est pas un état, ça !...

— Et pourquoi donc ?

— Des fleurs, ça n'est pas une marchandise !...

— Mais si, ma mère, et une charmante... et qui se vend, dit-on, fort cher...

— Bouquetière !... — Mais c'est un métier de fainéante !...

— Pas plus que de vendre des harengs et des homards, ce me semble.

— Les bouquetières sont des malheureuses !... des mauvaises créatures !... des dévergondées !

— Je prouverai qu'on peut être bouquetière et honnête fille.

— On te méprisera !...

— Je saurai me faire respecter.

— Tout le monde parlera de toi dans Paris !

— Je l'espère bien, car plus on parlera de moi, plus on m'achètera de bouquets.

— Les hommes te courront après !...

— Rapportez-vous-en à moi pour les tenir à distance.

— On se croit tout permis avec une bouquetière !...

— On ne se permettra rien avec moi, comptez-y bien.

— Ce serait un déshonneur pour notre famille !...

— Vous voulez dire une illustration.

— Renonce à ce projet, mon enfant !...

— Impossible, ma mère, j'y tiens trop.

— Ton père et moi, nous n'y consentirons jamais !...

Nanette ne répondit rien, un demi-sourire qui se dessina sur ses lèvres prouva qu'elle ne s'inquiétait point outre mesure de cette résistance.

Et Nanette avait raison.

« *Ce que femme veut, Dieu le veut !* » — dit un vieux proverbe, qui ne nous paraît pas le moins du monde entaché de paradoxe.

Peu à peu l'opposition paternelle et maternelle faiblit devant la persistance de la jeune fille. Et, enfin, un beau matin, la mère Loîlier, vaincue, donna son consentement (de mauvaise grâce, il est vrai) — mais elle le donna.

Dès le lendemain, Nanette, triomphante, s'occupa des préparatifs indispensables pour son nouvel état, et la semaine ne s'était point écoulée, que la nouvelle bouquetière faisait son entrée triomphale dans le jardin du Palais-Royal, qu'elle avait choisi pour son quartier général, comme étant le lieu de rendez-vous habituel des jolies femmes et des jeunes gens à la mode.

Le soir même, ainsi que l'avait prédit Marie-Jeanne, il n'était question, dans Paris, que de la bouquetière du Palais-Royal. Mais aussi, quelle bouquetière !...

Nous connaissons la beauté sans pareille de la jeune fille, — aussi nous n'en parlerons point ; — mais il importe de dire quelques mots de son costume, afin d'expliquer mieux l'engouement général.

Rien n'était moins simple et plus théâtral que sa toilette, mais en même temps rien n'était plus gracieux.

Une double jupe de gaze transparente était relevée, de distance en distance, par des nœuds de rubans roses, sur une courte jupe de soie, à larges raies alternativement blanches et cerises.

Des dentelles de la plus grande valeur — véritable point de Venise — enrichissaient le corsage, en étoffe pareille, et légèrement échancré.

Autour de son cou, plus blanc que la neige, un ruban de velours noir soutenait une petite croix d'or.

Ses beaux bras roses sortaient, depuis le coude, d'un flot de dentelle, et des bracelets de velours noir serraient l'attache délicate de ses poignets.

De petits souliers de satin noir, à hauts talons, enfermaient ce pied cambré et charmant dont nous avons dit plus haut que Cendrillon aurait été jalouse.

Des bas de soie, d'une miraculeuse finesse de tissu,

dessinaient la naissance d'une jambe de Diane chasseresse, avec laquelle une bouquetière devait faire fortune.

Enfin la corbeille qui contenait ses bouquets, — sorte de conque dorée, doublée de soie blanche, — était soutenue par un ruban d'argent qui serrait la taille souple de la jeune fille.

Si nos lecteurs ne s'en rapportent point à nous pour la description de ce costume, nous les renverrons à une curieuse estampe qui porte le millésime de 1758, et représente, dans ses atours, *la belle bouquetière du Palais-Royal.*

Ce n'est pas tout.

Deux grands valets de pied, en livrée de fantaisie, suivaient Nanette à une distance de dix ou douze pas, et, munis de véritables gerbes de fleurs, ils lui fournissaient des bouquets de rechange, quand sa conque dorée était vide.

En fallait-il autant pour attirer sur la jolie fille l'attention universelle ?

Non ! cent fois non !... — la moitié, — la centième partie aurait suffi !...

Donc, on parla de Nanette à Paris et à Versailles, — on s'occupa d'elle à la ville et à la cour, — son nom revint dans tous les entretiens, — c'était à qui voudrait la voir et orner sa ceinture ou sa boutonnière de quelques fleurs arrangées par sa blanche main.

Trente seigneurs de la cour, — tout au moins — des plus jeunes, des plus riches, — de ceux qui passaient pour ne jamais rencontrer de cruelles, se mirent sur les rangs pour devenir les *protecteurs* de la jeune fille, et la *mettre dans le monde,* comme on disait à cette époque. On lui offrit des diamants, — des équipages, — des hôtels. Elle refusa tout et elle éconduisit tous les soupirants, sans que l'un d'eux se trouvât, en quoi que ce soit, plus favorisé que les autres.

Nanette, — toujours gaie, — toujours leste, — doucement railleuse, — spirituelle à la fois comme un ange et comme un démon, se maintenait sur un pied de réserve tel que la malignité même ne trouvait pas moyen de mordre sur son compte.

Chacun savait que Nanette était un miracle de beauté. Quand on apprit, à n'en pouvoir douter, qu'elle était en même temps un miracle de vertu, le bruit qui se faisait autour de son nom augmenta.

La jeune fille ne pouvait littéralement plus suffire à la vente de ses bouquets.

En échange des humbles fleurs que sa jolie main offrait avec tant de grâce, elle recevait plus de louis et de doubles louis que de pièces de douze sous.

Les dames de la plus haute qualité, — les femmes de la cour, telles que les princesses de Lorraine, de Rohan, de Bouillon, ne dédaignaient point de venir causer pendant quelques minutes avec la bouquetière. Elles mettaient à leur corsage les œillets, les roses, les violettes que Nanette les priait d'accepter et qu'elles ne lui payaient point. Mais, en échange, on apportait, de la part de ces dames, au logis de la rue Aubry-le-Boucher, des bijoux, des dentelles, des pièces d'étoffe et d'argenterie.

Les bénéfices quotidiens de Nanette étaient à tel point fabuleux que nous n'oserions point ici en rapporter le chiffre, dans la crainte d'être soupçonné d'exagération et de mensonge.

La bonne Marie-Jeanne, — avouons-le, — s'était complétement réconciliée avec ce métier de bouquetière qu'elle envisageait, dans l'origine, de si mauvais œil. Elle voyait sa fille sur le grand chemin d'une rapide fortune, sans que sa réputation en reçût l'ombre d'une tache, — elle voyait, dans l'avenir, ses autres enfants établis, dotés par leur sœur... — et ce mariage était bien séduisant pour son cœur de mère.

— Allons, disait-elle de temps en temps à son mari, — la petite avait raison!... — Décidément c't'enfant-là a plus d'esprit que nous!...

André approuvait sans conteste.

Cependant, au milieu de cette foule de jeunes gens, — les plus beaux et les plus galants du royaume, — qui se pressaient sans cesse autour d'elle, et la courtisaient, quoique sans espoir, Nanette n'avait-elle donc remarqué personne?

Si nous le disions, on ne nous croirait pas, et franchement, on aurait raison.

— Oui, Nanette était jeune, — Nanette avait un cœur, — et ce cœur avait parlé.

La bouquetière avait remarqué quelqu'un.

Mais qui?

Le plus brillant, sans doute, de tous ces seigneurs?

Oh! non.

Combien ils connaîtraient mal l'héroïne de ce livre, ceux qui pourraient supposer cela!...

L'inconnu auquel était échu, sans qu'il s'en doutât, ce bonheur insigne d'éveiller pour la première fois le cœur pur et chaste de la perle des bouquetières était un jeune homme de vingt-trois ans, tout au plus.

Ce jeune homme était grand et mince, et toujours vêtu avec la plus extrême simplicité. Les traits beaux et parfaitement réguliers de son visage décelaient, à ne s'y pouvoir méprendre, l'héritier d'une grande race; — mais la pâleur de ce visage, l'expression mélancolique de ses grands yeux noirs témoignaient d'une tristesse profonde et peut-être incurable. Jamais ce jeune homme ne se mêlait à la foule, qu'il semblait même éviter avec soin. Rarement il se montrait dans le jardin du Palais-Royal aux heures où ce jardin se trouvait encombré d'une cohue brillante. Tous les matins, au contraire, il arrivait de bonne heure et un peu avant Nanette, qu'il semblait attendre. Aussitôt qu'apparaissait la jeune fille avec ses fleurs, il s'approchait d'elle, — il prenait dans la corbeille le plus modeste des bouquets, — le payait douze sous, — regardait Nanette pendant un instant, mais sans jamais lui adresser la parole, — puis saluait, s'éloignait lentement, et on ne le revoyait plus que le lendemain à la même heure que la veille.

Durant un laps de plusieurs mois, il ne manqua que deux fois à cette habitude de chaque matin.

Nanette, en ne le voyant pas, se sentit soucieuse, — chagrine; — il lui sembla que son cœur était oppressé, — que le ciel était moins pur, le soleil moins brillant, qu'enfin il lui manquait quelque chose. Ces jours-là, les courtisans attitrés de la bouquetière ne reconnurent pas leur idole.

Mais, le lendemain, le jeune homme revenait, — et, avec sa présence, la gaieté renaissait dans le cœur et sur le visage de Nanette.

C'est alors que la jeune fille comprit qu'elle aimait cet inconnu au visage pâle et au regard triste.

# XIX

## UN NOM

Tout ce qu'elle possédait, Nanette l'aurait donné de grand cœur pour savoir ce qu'était ce jeune homme, — pour connaître seulement son nom.

Mais comment s'y prendre pour arriver à satisfaire cette dévorante curiosité ?

Sans doute, rien n'était plus facile que d'interroger à ce sujet l'une des mille personnes qui, chaque jour, lui venaient acheter des fleurs et débiter des madrigaux pillés dans les galantes poésies du chevalier Dorat.

Elle n'aurait point hésité à le faire, si l'inconnu n'avait été pour elle qu'un indifférent comme tous les autres. Mais, nous le répétons, Nanette aimait, et, avec la pudeur instinctive d'un naissant amour, il lui semblait que sa première question trahirait son secret.

Vingt fois, cependant, la jeune fille eut cette question sur les lèvres, mais alors elle rougissait, balbutiait, et finissait par se taire sans avoir parlé.

Celui qui la préoccupait ainsi était noble, il n'y avait pas à en douter. — La distinction de son visage et de sa tournure en faisaient foi, et, d'ailleurs, il portait l'épée et les talons rouges. Il était noble, — mais il était pauvre, — car, à la poignée d'argent de son épée, il n'y avait pas de nœud de ruban, et pas de dentelles à sa cravate.

Enfin les incertitudes de Nanette eurent un terme.

L'inconnu vint un jour au Palais-Royal plus tard que de coutume. Il prit silencieusement l'un des bouquets que la jeune fille lui présentait d'une main tremblante. — Comme toujours, il le paya d'une pièce de douze sous, et il s'éloigna.

Oh! combien elle semblait précieuse à Nanette, cette obole du pauvre!... cette humble pièce d'argent qu'elle n'aurait point échangée contre des poignées de doubles louis !

Nanette le suivait d'un regard attendri, quand elle le vit, de loin, abordé par deux jeunes gens qui lui serrèrent la main, et s'arrêtèrent pour causer avec lui pendant quelques secondes.

Ces jeunes gens brillaient au premier rang des adorateurs les plus assidus de la bouquetière.

C'étaient le comte de La Châtre et l'élégant marquis de Louvois.

Aussitôt que l'inconnu les eut quittés, Nanette se rapprocha d'eux vivement et écouta. Voici ce qu'elle entendit :

— En vérité, — disait M. de Louvois à son compagnon, — ce pauvre Pierre devient fou !

— Et pourquoi ? — demanda le comte de La Châtre.

— Comment, pourquoi ! — mais il perd la plus magnifique occasion de faire sa fortune...

— Et laquelle?

— Il refuse d'aller à la cour!... — Sais-tu bien qu'hier le roi daignait demander pourquoi on ne le voyait jamais à Versailles!..

— Ah! vraiment?...

— Mon Dieu, oui... Eh bien, je lui répète ce propos de Sa Majesté, et, au lieu d'y voir le témoignage d'une faveur inouïe, exorbitante, d'en perdre la tête de joie, Pierre ne semble pas y prêter la moindre attention... A son âge, il vit comme un ours!... il s'enterre!... il se sépare de nous autres! C'est un garçon perdu!...

— Eh! pardieu! — répliqua le comte de La Châtre, — tu as raison, mais il n'a pas tort!...

— Que veux-tu dire?

— Je veux dire que Pierre a de bonnes raisons pour vivre comme il vit...

— De bonnes raisons? c'est impossible!

— Les meilleures du monde!... Comment diable ferait-il pour frayer avec nous, je te prie? où prendrait-il de l'argent pour soutenir un train comme le nôtre?...

— Ah çà! est-il donc vrai qu'il soit pauvre?

— Si c'est vrai? mais rien n'est plus certain!...

— On le disait, je ne le croyais pas.

— Son père avait une belle fortune...

— Oui, mais cette fortune a disparu sans qu'il soit possible de savoir ce qu'elle est devenue...

— Comment donc?

— Quand le vieux prince est mort, il y a de cela quelques mois, — on n'a plus rien trouvé. Les terres avaient été vendues, l'hôtel de Paris hypothéqué et surhypothéqué !... Quant aux capitaux, pas de trace !...

— Où avaient passé tous ces fonds, plus d'un million ?

— On n'en sait rien, et personne ne peut le deviner... — Bref, Pierre, qui la veille au soir pouvait se croire riche, s'était réveillé le lendemain matin à peu près aussi pauvre que Job...

— Quel dommage ! — fit M. de Louvois, — un si joli garçon !...

— Et un si grand seigneur ! — reprit La Châtre ; — car, en fin de compte, il est parent de la famille royale, tout bonnement !

— Le roi traite mal ses parents ! — il se devrait à lui-même de faire à Pierre une grosse pension...

— Il le devrait, mais il ne le fera pas.

— Alors, Pierre n'a qu'un parti à prendre.

— Lequel ?

— C'est de se marier. La dot de sa femme le remettra à flot.

— Se marier !... c'est bien difficile... pour ne pas dire impossible...

— Pourquoi donc ?

— Quand on porte son nom, quand on descend en ligne directe de Josselin I$^{er}$ et des empereurs de Constantinople, on ne peut pas se contenter d'une simple fille de noblesse... Il faudrait à Pierre une princesse, tout au moins, et elles sont rares... Qui diable veux-tu qu'il épouse ?... Un Courtenay !...

Ces paroles terminèrent l'entretien des deux jeunes gens, dont Nanette n'avait pas perdu un seul mot.

Le nom qui venait d'être prononcé produisit sur la bouquetière un effet étrange et subit.

— Un Courtenay ! — répéta-t-elle tout bas, — en appuyant la main sur son cœur.

Puis elle pâlit, chancela, et elle serait certainement tombée à la renverse si elle ne s'était adossée, pour se soutenir, au tronc d'un arbre auprès duquel elle se trouvait.

MM. de Louvois et de La Châtre s'aperçurent du malaise de la jeune fille.

— Mon Dieu ! charmante Nanette, — s'écria le marquis en courant à elle, — qu'avez-vous ?... les roses de vos joues s'effacent... êtes-vous souffrante ?... — que pouvons-nous pour vous soulager ?...

Nanette s'efforça de sourire, mais ce sourire était pénible et contraint.

— Merci, monsieur le marquis, — répondit-elle, — merci de votre intérêt... ce que je viens d'éprouver n'est rien... un peu de malaise qui, je le sens, se dissipe déjà...

En effet, des nuances plus vives revenaient colorer son teint un instant pâli.

— Divine bouquetière, — dit à son tour le comte de La Châtre, — peut-être, puisque vous voilà un peu souffrante et fatiguée, songez-vous à quitter, pour aujourd'hui, le Palais-Royal... mon carrosse est à deux pas... oserais-je vous demander la permission de le mettre à vos ordres pour vous ramener chez vous ?...

— Merci, monsieur le comte, — répliqua de nouveau la jeune fille, — mon malaise est maintenant complétement disparu et je ne rentrerai pas plus tôt qu'à l'ordinaire.

Nanette, en parlant ainsi, ne disait point la vérité.

A peine MM. de Louvois et de La Châtre l'eurent-ils quittée après l'avoir pendant un grand quart d'heure accablée de galanteries fades, qu'elle remit sa corbeille à l'un des valets de pied qui ne la quittaient jamais, et qu'elle reprit le chemin du logis de ses parents.

Depuis quelques semaines, la famille Lollier n'habitait plus la rue Aubry-le-Boucher. Nanette avait pensé que le misérable logement dont nous avons fait ailleurs la description s'accordait mal avec sa nouvelle et brillante fortune. En conséquence elle avait loué tout le premier étage d'une vaste maison de la rue Saint-Honoré, non loin du Palais-Royal. La moitié avait été mise à la disposition de Marie-Jeanne, de son mari et de ses autres enfants. Nanette s'était réservé le reste.

De la sorte, quoique vivant avec ses parents, la jeune fille avait un appartement complétement séparé et indépendant.

La poissarde ne vendait plus de poisson à la Halle, — elle s'accoutumait le mieux du monde au bien-être dont l'entourait sa fille et qui lui semblait le *nec plus ultra* du luxe et du raffinement.

Quant à la bouquetière, elle avait arrangé avec un goût exquis et une simplicité qui n'excluait point la richesse, la portion du logis qui n'était qu'à elle.

Il y avait, entre autres, une espèce de petit boudoir qui touchait à sa chambre à coucher, et pour lequel elle avait une affection toute particulière.

Ce boudoir était entièrement tendu d'une toile perse à fond gris perle, semé de bouquets de fleurs de toutes les espèces et de toutes les nuances. Des étagères rustiques, placées à chaque angle de cette petite pièce, supportaient des vases fort beaux, remplis de gerbes de fleurs naturelles et odorantes. Là, Nanette se trouvait dans son élément.

Elle ne voyait que des fleurs et en aspirait les parfums par tous les pores. Elle se sentait vivre, — elle était heureuse.

Ce jour-là, — nous l'avons dit, — la jeune fille rentra beaucoup plus tôt que de coutume. Elle s'enferma dans son boudoir et se laissa tomber sur une chaise.

Pendant le trajet, depuis le Palais-Royal jusqu'à la rue Saint-Honoré, Nanette s'était efforcée de commander à son émotion, et elle en était venue à bout. Mais, une fois chez elle, c'est-à-dire en liberté, sans témoins, — cette émotion la déborda. La jeune fille appuya sur ses deux mains son charmant visage, redevenu pâle comme celui d'une morte.

Quelques sanglots, tumultueux et pour ainsi dire convulsifs, montèrent de son cœur à ses lèvres, et, renversant sa tête en arrière, elle se mit à pleurer à chaudes larmes.

Peu à peu, cependant, cette émotion s'usa en raison même de sa violence. Les larmes devinrent plus rares et coulèrent une à une, perles liquides, sur le satin animé de ses joues. Les battements de son sein soulevèrent moins impétueusement son beau sein. Enfin, de même qu'après un orage, un coin de ciel bleu se montre à travers les nuages déchirés, et promet le retour du beau temps, — de même, un rayon échappé des prunelles noyées encore de Nanette annonça que le calme se ferait bientôt dans son âme.

## XX

### JEAN DE COURTENAY

D'étranges circonstances avaient accompagné la naissance et les premières années de la vie de ce jeune prince, Pierre de Courtenay, qui vient de faire, dans les pages précédentes, son entrée en scène.

Vers l'année 1728, — c'est-à-dire trente ans environ avant l'époque où se passent les événements que nous racontons, — Jean de Courtenay, dernier rejeton en ligne droite de la descendance des empereurs de Constantinople, faisait une fort grande figure à la cour, quoique en 1603 sous le règne du bon roi Henri IV, les princes de sa maison eussent vainement présenté leurs titres pour se faire reconnaître princes du sang.

Jean de Courtenay, en des circonstances qu'il est inutile de rapporter ici, s'attira la disgrâce du roi, qui l'exila dans ses terres du Berry.

Les Courtenay possédaient dans cette province, au milieu de forêts immenses, le magnifique château de Sussy. Ils avaient en outre, à Paris, un fort bel hôtel, rue Païenne.

Jean de Courtenay, au moment de son exil, atteignait sa quarantième année, et la vie dissolue et libertine qu'il avait menée jusqu'alors avait singulièrement affaibli son organisation vigoureuse.

Un des traits principaux de son caractère était une profonde et invincible répugnance pour le mariage, — répugnance dont personne n'avait jamais pu triompher.

Vainement on l'avait sollicité à vingt reprises différentes de ne point laisser s'éteindre avec lui ce grand nom de Courtenay, — il avait répondu à toutes les propositions d'alliance par les refus les plus formels.

Le seul proche parent de Jean de Courtenay était le duc de B***, dont nous ne pouvons écrire ici le nom en toutes lettres, car aujourd'hui encore, il existe des descendants de cette famille. Le duc de B***, fort grand seigneur et fort bien en cour, mais homme d'une immoralité et d'une dépravation profondes, regardait comme assuré pour lui l'héritage de Jean de Courtenay, et, quoiqu'il fût à peu de chose près du même âge que ce dernier, la santé délabrée de son parent lui faisait croire que l'héritage ne se ferait pas longtemps attendre.

Ces explications préliminaires sont indispensables pour l'intelligence de ce qui suivra.

Jean de Courtenay, en arrivant dans son château de Sussy, situé, comme nous l'avons dit, au milieu des bois, et dont une lettre de cachet lui imposait le séjour, se livra d'abord aux accès d'un désespoir sombre et profond.

Après cette vie débauchée dont il avait l'habitude et qui était devenue pour lui un besoin impérieux, l'existence solitaire, au fond d'une province et d'un vieux castel, lui semblait insoutenable.

Les projets les plus extravagants traversaient son esprit. Il songeait à retourner à Paris incognito et à brûler la cervelle au roi qui l'avait exilé. Il voulait se tuer lui-même, ou bien vendre ses propriétés et quitter la France.

Ces résolutions folles ne tinrent pas contre quelques jours de réflexion.

Jean de Courtenay s'apaisa peu à peu, et se dit que, somme toute, il ne serait point prodigieusement à plaindre de mener pendant quelques années l'existence d'un gentilhomme campagnard.

Une fois son parti pris, et bien pris, il s'arrangea de façon à ce que cette existence fût aussi douce que possible.

Comme tous les grands seigneurs de son époque, Jean de Courtenay était chasseur. Il monta ses écuries et ses chenils. Il eut d'excellents piqueurs, des limiers sans pareils, enfin les meilleurs équipages de la province. Chaque jour, alors, on entendit les échos des bois séculaires de Sussy répéter les clameurs de la meute et les sons prolongés de la trompe.

Cette vie active, si différente de celle dont il avait l'habitude, cette existence agreste, produisit chez le gentilhomme un résultat imprévu et merveilleux.

Jean de Courtenay se retrempa dans les mâles exercices de la chasse. — Son organisation débilitée se raffermit. — Le prince reprit sa vigueur première et sa santé d'autrefois.

En même temps que se faisait ce changement physique, un grand changement moral s'opérait. Jean de

Courtenay retrouvait les véritables instincts de sa nature primitive. Il n'était plus le maître impérieux et dur, parfois même cruel, devant lequel il fallait plier ou rompre. Il se faisait chérir de ses vassaux, — adorer de ses serviteurs, et sa charité ingénieuse ne laissait pas, sur toute l'étendue de ses terres, une infortune non soulagée.

Ce n'est pas tout.

Un beau matin le prince s'aperçut que son intendant le volait impudemment. Il le chassa et n'en prit pas d'autre. A partir de ce moment, les moindres détails de l'administration de ses domaines acquirent pour lui un intérêt prodigieux. Il voulut se rendre compte de tout par lui-même. — Il s'occupa en personne des défrichements et des améliorations agricoles qu'il entreprenait. — Enfin il ne crut pas déroger en allant lui-même aux foires et aux marchés pour y surveiller, comme un véritable hobereau campagnard, la vente de ses récoltes et de ses troupeaux.

Et de fait, jamais le prince Jean de Courtenay ne s'était vu entouré d'une si haute estime, d'une si véritable considération.

— Un homme qui porte mon nom, — disait-il parfois, — ne peut être que roi — soldat — ou laboureur. — Il n'y a pas de trône vacant. — Je ne puis tirer mon épée hors du fourreau. — Je me fais donc laboureur, et j'en suis fier!...

Au bout d'une année passée ainsi, nous croyons pouvoir affirmer que si le roi avait rappelé Jean de Courtenay à la cour, Jean de Courtenay aurait refusé de quitter ses terres.

Au milieu de ce changement si complet, physique

et moral, une seule chose avait subsisté. C'était cette profonde horreur pour le mariage que nous avons déjà signalée.

Le duc de B*** avait appris, non sans chagrin, l'invraisemblable et complet retour à la santé de son parent.

Mais comme on lui avait affirmé, en même temps, que Jean de Courtenay persévérait, plus que jamais, dans ses projets de célibat, — il avait accepté le retard présumable de la succession comme une chose contrariante, mais sans conséquences bien fâcheuses.

Une fois par an — à l'époque des grandes chasses d'automne — le duc de B*** venait passer une semaine à Sussy, et il affermissait de son mieux la résolution que Jean avait prise de vivre et de mourir garçon.

Quelques années s'étaient écoulées depuis l'heureuse époque où l'ex-convive des soupers libertins du Régent était devenu un gentilhomme chasseur et fermier.

Grâce à l'administration habile et éclairée du prince, les revenus de la terre de Sussy avaient augmenté de plus d'un tiers, et de nombreuses améliorations restaient à faire.

Chaque année, une grande foire était tenue à La Châtre, petite ville située, comme on sait, entre Guéret et Châteauroux. La Châtre se trouvait à cinq ou six lieues de Sussy, et c'est là que le prince faisait vendre la plus grande partie du produit de ses domaines.

La foire en question avait lieu vers le milieu du mois de septembre.

Cette année-là le prince Jean envoyait sur le marché un nombreux troupeau de moutons — vingt paires de bœufs — plusieurs génisses — de jeunes chevaux de trois ans, et mille sacs de blé.

Le produit de ces diverses ventes devait représenter une somme d'au moins quinze à vingt mille livres.

Le prince avait en outre à toucher, chez un notaire de La Châtre, une somme non moins importante.

Dès le matin du jour de la foire, Jean de Courtenay se mit en route, monté sur un excellent cheval de race, et suivi de deux grands laquais, aussi bien montés que lui. Tous les trois portaient des pistolets chargés dans les fontes de leur selle. Les troupeaux et les sacs de blé avaient dû arriver la veille au soir.

De Sussy à La Châtre, le chemin, serpentant au milieu de grands bois, était étroit, mal entretenu, — plein de ravins et coupé de fondrières.

Mais le prince avait l'habitude de ces routes difficiles, et ne s'effrayait pas pour si peu. A mi-chemin, à peu près, du haut d'une petite éminence, on apercevait, ou plutôt on devinait, sur la gauche, à travers des rideaux de grands arbres, un château en mauvais état et tout démantelé.

Ce château, bâti un siècle auparavant, avec les débris d'une antique demeure seigneuriale, appartenait à un gentilhomme pauvre, mais de vieille race, qui se nommait le comte de Pessac.

Ce seigneur, dont les revenus étaient insuffisants pour lui permettre d'entretenir sa demeure en bon état et de mener le train d'un homme de sa condition, jouissait dans le pays d'une réputation au moins douteuse.

De méchants bruits couraient sur son compte. Non pas cependant qu'on articulât contre lui des faits positifs, mais il était craint et haï tout à la fois. Sans doute cette déconsidération provenait en grande partie de ses relations quasi intimes avec deux hommes d'une classe bien au-dessous de la sienne, et notoirement tarés et diffamés.

L'un de ces hommes prêtait sur gages et faisait l'usure avec les paysans.

L'autre avait été traduit en justice comme faux monnayeur et acquitté, faute de preuves suffisantes; mais sa réputation, à cet égard, n'en était pas moins établie.

L'usurier avait nom Jacomé.

Le faux monnayeur s'appelait Combons.

Quant au manoir délabré de M. de Pessac, il avait reçu une appellation étrange.

On le nommait, dans le pays, le *Château des Spectres*.

Pourquoi ?

Eh! mon Dieu, parce que les superstitions locales le représentaient comme hanté par les fantômes et que, selon la croyance populaire fortement accréditée, on entendait, à minuit, des bruits étranges et des voix plaintives traverser les airs autour de ses tourelles.

## XXI

### LA FOIRE DE LA CHATRE

Arrivé au sommet de cette éminence dont nous parlions il n'y a qu'un instant, M. de Courtenay ralentit le pas de son cheval, se retourna sur sa selle, et fit un signe. Aussitôt, l'un des valets, qui le suivaient à une distance convenable, mit sa monture au grand trot, et rejoignit son maître.

— Picard, — lui dit ce dernier, — le comte de Pessac est-il toujours dans le pays?

— Toujours, monseigneur.

— Que dit-on de lui, maintenant?

— Rien de bon, monseigneur.

— Mais encore?...

— On prétend que s'il ne fait pas grand mal, ce n'est pas que l'envie lui en manque, mais c'est tout bonnement qu'il a peur des gens du roi. On assure que Jacomé, le maltôtier de La Châtre, et Combons, le faux monnayeur de Saintaine, ne bougent pas de chez lui, et qu'ils sont ensemble comme les trois doigts de la main. On affirme enfin qu'il doit à Dieu et au diable, qu'avant la fin de l'année ce qui lui reste de son château et des domaines sera vendu pour payer ses créanciers, et qu'alors il en sera réduit, pour vivre, à attendre les passants au coin d'un bois...

— Mais, tout cela est-il vrai ?

— Dame ! monseigneur, je répète ce qu'on dit dans le pays.

— Qui sait ?... — murmura Jean de Courtenay à demi-voix, et se parlant à lui-même, — peut-être y a-t-il dans toutes ces rumeurs beaucoup de calomnie... pour ma part j'ai peine à croire qu'un homme de noblesse ait pu tomber si bas !... Pourquoi ce gentilhomme, s'il est dans le malheur, ne s'adresse-t-il point à moi ?... Je viendrais de grand cœur à son aide...

Après avoir prononcé ces quelques mots, le prince garda le silence.

Picard, voyant que son maître ne lui parlait plus, retourna rejoindre à l'arrière-garde son compagnon Lorrain.

Jean de Courtenay mit son cheval à une allure rapide et, en moins d'une heure, il l'arrêtait dans la cour de l'hôtellerie des *Trois Fleurs de Lis*, située sur la principale place de La Châtre.

Les deux laquais mirent à l'écurie la monture du prince et les leurs, et le prince se dirigea du côté de la maison du notaire à qui il voulait parler avant le commencement de la foire. Après avoir dessellé et bouchonné les chevaux, et leur avoir donné une abondante provende, les valets sortirent à leur tour pour aller se promener.

Or, en ce moment, trois hommes achevaient de déjeuner dans une chambre du premier étage, donnant sur la cour.

Ces trois hommes étaient le comte de Pessac, Combons et Jacomé.

Au bruit des fers des chevaux, retentissant sur le pavé, Jacomé, reposant sur la table un verre plein, qu'il allait porter à ses lèvres, s'était levé et approché de la fenêtre.

— Qui vient là? — lui demanda M. de Pessac.

— C'est votre voisin, le prince de Courtenay, monsieur le comte, — répondit l'usurier.

— A-t-il beaucoup de monde avec lui?

— Non, deux laquais, tout simplement. Quand il vient aux foires, c'est toujours dans un équipage fort modeste...

M. de Pessac se renversa nonchalamment sur le dossier de sa chaise.

— Ma foi, — dit-il, je trouve que c'est une honte qu'un grand seigneur comme Jean de Courtenay, et riche comme il l'est, vienne vendre ses bœufs, ses moutons et son blé, ni plus ni moins qu'un Berrichon, et fasse ses affaires lui-même.

— Elles n'en sont pas plus mal faites! — répliqua Jacomé qui, en sa qualité d'usurier, appréciait fort les gens d'ordre; — depuis qu'il administre lui-même, le prince a doublé sa fortune...

— C'est possible, et c'est précisément en cela que je trouve qu'il a tort...

— Comment?...

— Un homme de grande qualité, quand il est riche, ne doit pas savoir compter...

— Ainsi, monsieur le comte, si vous étiez millionnaire, vous vous laisseriez voler?...

— Si j'étais millionnaire, mon cher Jacomé, je vous

prendrais pour intendant!... Je crois que c'est tout dire...

A cette réponse ironique, l'usurier salua.

— Toujours est-il, monsieur le comte, — dit alors Combons, qui n'avait pas encore parlé, toujours est-il que si vous emportiez aujourd'hui de la foire de La Châtre autant d'argent que le prince de Courtenay en emportera ce soir, vos affaires seraient en un peu meilleure situation et vous ne craindriez plus d'être exproprié d'un jour à l'autre...

M. de Pessac quitta sa pose nonchalante et s'accouda sur la table. Il avala coup sur coup deux rasades d'eau-de-vie.

— Ah çà ! — demanda-t-il ensuite, — le prince doit donc toucher aujourd'hui beaucoup d'argent ?

— Mais une vingtaine de mille livres, tout au moins, en belles pistoles sonnantes et bien trébuchantes...

— Et, comment savez-vous cela ?

— J'ai fait causer ce matin un des buveurs qui sont arrivés hier au soir avec des troupeaux de moutons, de bœufs, de génisses, de poulains, et des chariots chargés de plus de mille sacs de blé...

— Ah! ah!... — fit le comte de Pessac.

— Sans compter, — ajouta Jacomé, — que le notaire Pivois doit remettre au prince, dans la journée, une somme de seize à dix-huit mille livres qui a été payée entre ses mains par plusieurs débiteurs en retard... — je tiens cela de source certaine...

— Mais, alors, — dit vivement le comte, — c'est donc tout près de quarante mille livres que Jean de Courtenay aura ce soir dans ses sacoches ?

— Tout autant.

— Vous avez raison, la somme est ronde et vaut la peine, si grand seigneur qu'on soit, de venir à la foire pour la réaliser... — Quarante mille livres! — en bel et bon or!... — Rien que d'y penser, cela me donne des éblouissements...

— Et à moi! — fit Jacomé.

— Et à moi donc! — appuya Combons.

Il y eut un instant de silence, employé par les trois hommes à remplir leurs verres et à les vider.

Puis la conversation recommença.

— Ma foi, — dit le faux monnayeur tout à coup, — je trouve que le prince de Courtenay, s'il retourne aujourd'hui à son château de Sussy, fera un acte de haute imprudence...

— Et pourquoi donc? — demanda le gentilhomme.

— Comment! monsieur le comte, pourquoi?

— Oui, pourquoi?

— Parce que la foire ne finira pas avant la nuit, — parce que, d'ici à Sussy, il y a dix lieues à faire, dans l'obscurité, par de mauvais chemins, et à travers bois, et que, pendant ces six lieues, on court le risque d'être attaqué et dévalisé six cents fois...

— Bah! répliqua le comte, — le danger n'existe pas, — il n'y a point de voleurs de profession dans le pays...

— Soit, monsieur le comte; mais quand il s'agit de quarante mille livres, c'est-à-dire d'une fortune, que de gens deviendraient voleurs, qui n'en ont pas l'habitude!...

— Vous croyez cela, Combons?

— Je ne crois pas, monsieur le comte, je suis sûr...

— Mais le prince n'est pas seul... il a deux laquais avec lui, et, sans aucun doute, bien armés...

— Cela fait trois hommes en tout, et, quant aux pistolets, lorsqu'on sait s'y prendre d'avance, on les empêche d'aboyer...

Le comte de Pessac ne répondit rien.

Il appuya ses deux coudes sur la table, — cacha sa tête dans ses mains et s'absorba dans une méditation profonde.

Pendant ce temps, Jacomé et Combons échangeaient des regards significatifs.

Bientôt l'entretien, un instant interrompu, reprit entre les trois hommes, et devint de plus en plus intéressant.

Mais il est inutile d'y faire assister nos lecteurs pendant plus longtemps, car nous le connaîtrons bientôt par ses résultats. Disons seulement que M. de Pessac sortit bientôt de l'hôtellerie des *Trois Fleurs de Lis* et se rendit dans la boutique de l'unique apothicaire de La Châtre, chez lequel il resta pendant près d'une heure. Il revint ensuite à l'hôtellerie, il entra dans l'écurie, où se trouvaient les trois chevaux du prince de Courtenay, et en connaisseur qu'il était, il admira longuement ces nobles bêtes, dont il caressa les crinières longues et soyeuses, les têtes fines et les naseaux roses et dilatés.

Pendant ce temps, Combons examinait, avec une attention minutieuse, les selles auxquelles attenaient les fontes garnies de leurs pistolets.

Après cette visite à l'écurie, le comte de Pessac alla se promener sur le champ de foire, où il faisait vendre deux ou trois vaches étiques et quelques maigres moutons.

Combons, le faux monnayeur, ne s'était point trompé. La nuit était proche quand le prince de Courtenay eut terminé ses affaires.

Ordre avait été donné à l'hôtellerie de lui préparer à dîner. Il prit rapidement son repas et fit demander si ses chevaux étaient sellés.

Sur la réponse affirmative, il paya libéralement sa dépense et celle de ses gens et gagna la cour.

Les laquais étaient là, tenant les chevaux en main.

Tandis que le prince faisait boucler fortement derrière sa selle une petite valise de cuir qui contenait, en or, les sommes qu'il avait touchées, un homme s'approcha de lui, dans l'attitude la plus humble et le chapeau à la main.

C'était le comte de Pessac.

M. de Courtenay le connaissait de vue et lui rendit son salut avec une sorte de bienveillance.

— Monseigneur, lui dit M. de Pessac, — j'oserai solliciter de vous une faveur à laquelle je sens bien que je n'ai aucun droit...

— Parlez, monsieur, — répondit le prince, — et si ce que vous voulez me demander est possible, je le ferai volontiers...

— Voici la nuit qui vient, — poursuivit le comte ; — j'ai fait vendre aujourd'hui quelques bestiaux et j'ai là, sur moi, une somme, insignifiante pour vous, énorme pour moi... Les routes, dit-on, ne sont pas sûres ; je n'ai pas de valet, et je crains, voyageant ainsi tout seul, d'être attaqué chemin faisant... Daignez donc me permettre, monseigneur, de me joindre à votre escorte jusqu'à la hauteur de mon humble maison...

— Monsieur, — répondit le prince, — j'accède de grand cœur à votre demande; mais je ne souffrirai pas qu'un gentilhomme fasse route avec des laquais... Vous m'accompagnerez, s'il vous plaît...

— Ah! monseigneur... que de bonté! — s'écria M. de Pessac.

— Seulement, — reprit Jean de Courtenay, — hâtez-vous, je vous prie, car, ainsi que vous le disiez tout à l'heure, il se fait tard...

— Mon cheval est tout sellé et tout bridé, monseigneur.

— Mettez-vous donc en selle, et partons.

Le comte de Pessac courut à l'écurie, il en ramena sa monture, bidet de médiocre prix, mais plein de force et d'ardeur.

Il s'élança sur son dos avec la légèreté d'un jeune homme, et il suivit M. de Courtenay, en ayant soin de rester en arrière d'une demi-longueur de cheval environ, ainsi que le commandait le respect.

La petite cavalcade traversa les rues de La Châtre, encore encombrées de monde, car beaucoup de gens étaient venus de trop loin pour pouvoir s'en retourner le soir même.

Chacun s'inclinait sur le passage du prince, mais tous regardaient avec un profond étonnement le comte de Pessac, et se disaient les uns aux autres:

— Voici monseigneur Jean de Courtenay en bien mauvaise compagnie !...

# XXII

## UN GENTILHOMME PAUVRE

Il nous paraît utile d'esquisser en quelques traits de plume la silhouette du nouveau personnage que nous mettons en scène.

Le comte de Pessac avait environ quarante-cinq ans.

Il était de taille moyenne et bien fait, quoiqu'un peu maigre. Les traits fortement caractérisés de son visage ne présentaient, pris individuellement, rien de désagréable, mais l'ensemble déplaisait par son expression.

Cette expression, — multiple en quelque sorte, — était tout à la fois hautaine et basse.

La bouche semblait ne devoir s'ouvrir que pour le commandement impérieux ou la flatterie rampante.

Les yeux offraient cette même duplicité de regard, et de plus, ils étaient faux et fuyants, comme ceux des gens dont la conscience n'est jamais parfaitement tranquille.

Vis-à-vis du prince de Courtenay, la physionomie de M. de Pessac avait complétement dépouillé son expression hautaine et n'affichait que la plus parfaite servilité.

Voilà pour le physique.

Au moral, le comte tenait tout ce que promettait son visage — et même bien au delà.

Il était spirituel, — souple — insinuant, — et, quand ses intérêts se trouvaient en jeu, d'une merveilleuse habileté.

Ce fut lui qui, le premier, entama l'entretien.

— Monseigneur, — dit-il, — je ne sais de quelle façon vous remercier de l'honneur que vous voulez bien m'accorder en ce moment...

— Cela ne vaut pas un remercîment, monsieur, — interrompit le prince, — je ne fais que ce que tout gentilhomme ferait à ma place pour un autre gentilhomme...

— Pardonnez-moi, monseigneur, vous faites plus...

— Et en quoi, monsieur ?...

— En ce que, monseigneur, il est impossible que les bruits fâcheux qui courent sur mon compte ne soient point arrivés jusqu'à vous...

— Ah ! — murmura M. de Courtenay, fort étonné d'entendre le comte de Pessac faire allusion lui-même à sa mauvaise renommée.

— Oui, monseigneur, — reprit ce dernier, — ces bruits, vous les connaissez, et, en m'admettant ainsi près de vous, vous me réhabilitez en quelque sorte dans cette opinion publique si fatalement surprise et si injustement prononcée contre moi...

— Ainsi, monsieur, — demanda le prince, — vous savez ce qui se dit de vous ?...

— Je n'ignore rien, monseigneur... — je sais qu'on

me hait et qu'on me craint... — Je sais qu'autour de moi se groupent, ainsi que d'insaisissables fantômes, ces vagues et flottantes accusations, les plus dangereuses de toutes, parce que, comme elles ne formulent rien et ne reposent sur aucune base, on ne peut ni les combattre ni les anéantir... — Je sais qu'on évite ma présence... — qu'une intimité avec moi est compromettante... — qu'on me regarde comme un homme sans probité et sans honneur... — Oui, monseigneur, je sais tout cela, et, si je n'avais pas des devoirs sacrés à remplir en ce monde, j'aurais déjà demandé à la mort de me débarrasser d'un fardeau trop lourd, d'arracher de mon front ensanglanté cette couronne d'épines!...

Tandis que le comte de Pessac parlait ainsi, Jean de Courtenay le regardait avec attention, et se sentait ému de l'expression désolée de son visage, et de l'accent profond et sincère avec lequel ces paroles étaient prononcées.

— Monsieur, — lui dit-il, — vous valez mieux que votre réputation, je veux le croire... je n'en doute pas... Mais enfin, comment ont pris naissance, comment se sont propagées ces déplorables rumeurs ?... Vous avez donc beaucoup d'ennemis ?...

— Monseigneur, un mot, un seul mot vous expliquera tout...

— Et ce mot ?...

— Le voici : — *Pauvreté.*

— Que voulez-vous dire ?

— Je veux dire que je suis pauvre et que de là proviennent toutes les inimitiés qui fondent sur moi... toutes les accusations qui me poursuivent...

— La pauvreté, cependant, n'est pas un vice !

— C'est bien pis, monseigneur, quand on est gentilhomme !... On a commencé à me mépriser quand on a vu que je ne pouvais soutenir noblement mon nom... J'étais jeune, — je me suis révolté contre le mépris, — j'ai voulu mener un train que mon humble fortune m'interdisait absolument. — Alors, ceux qui me méprisaient auparavant et que mon luxe humiliait, se sont pris à me haïr ; — puis, un jour, il m'a bien fallu retomber dans mon humilité première, — le mépris est revenu et la haine est restée... — Je n'avais pas bu, d'ailleurs, la coupe des humiliations et du désespoir jusqu'au fond. — Mes courtes folies avaient épuisé mes ressources, — il me fallut tendre la main à l'emprunt pour vivre — quelques bourses s'ouvrirent — bourses d'usuriers, pour la plupart. — J'eus des créanciers, monseigneur, et des créanciers qui, au bout d'un certain temps, regardèrent (quoique à tort) l'argent qu'ils m'avaient avancé, comme perdu. — Ceux-là devinrent des ennemis, des ennemis acharnés, farouches, sans pitié, sans merci ! — Ils m'attaquèrent, — ils me diffamèrent. — C'est ainsi qu'ils se payaient à eux-mêmes les intérêts de leur argent... — Dans quelques mois... dans quelques semaines... dans quelques jours peut-être, le peu qui me reste sera vendu, — je serai chassé de la demeure de mes pères — je me verrai sans asile et sans pain... — Ces hommes, ces créanciers, ces ennemis se partageront le prix de mon dernier arpent de terre, de la dernière pierre de mon vieux château...

— Je ne leur devrai plus rien... mais je n'en resterai pas moins, soyez-en sûr, le comte de Pessac, le gentilhomme sans cœur et sans honneur... — et qui sait si l'on ne m'accusera pas alors de voler sur les grands chemins pour vivre !... Vous voyez, monseigneur, que j'avais raison de vous dire qu'il y a dans ma vie un crime, — un crime dont rien ne peut absoudre et que rien ne fait pardonner: la pauvreté!...

M. de Pessac se tut.

Jean de Courtenay avait des larmes dans les yeux.

Il tendit la main à son compagnon et la serra silencieusement.

— Je le savais bien, moi! — pensait-il avec le loyal enthousiasme d'un grand cœur, — je le savais bien qu'on calomniait ce gentilhomme! mais je lui viendrai en aide... et, puisque la Providence semble l'oublier, je me ferai sa providence!... Monsieur, — reprit-il ensuite tout haut, d'une voix émue, — vous me parliez tout à l'heure, ce me semble, de devoirs sacrés à remplir, qui, malgré vous, vous attachaient à la vie...

— Oui, monseigneur.

— Etes-vous donc marié, monsieur?

— Marié? — non, monseigneur. — Je sais trop bien ce que c'est que la pauvreté, pour imposer à une compagne mon misérable sort...

— Alors, vous n'avez pas d'enfants?

— Pardonnez-moi, monseigneur, — et c'est de cela que je voulais parler, — j'ai un enfant d'adoption, — une orpheline, — une nièce, — la fille de ma sœur, — une bonne et charmante fille de dix-huit ans, qui n'a que mon appui au monde, et qui, si je mourais, ne pourrait que mourir aussi... et, moi, je l'aime et je veux qu'elle vive...

Sans doute le prince allait interroger encore, lorsque la conversation fut soudainement interrompue par un incident étrange.

La cavalcade avait fait environ deux lieues et demie depuis son départ de La Châtre.

La nuit était complétement venue, mais une nuit lumineuse, éclairée par le disque argenté de la lune et par des myriades d'étoiles.

Sous ces clartés blanches et indécises, les arbres qui bordaient la route prenaient des formes fantastiques.

Le prince et son compagnon entendirent, à quelque distance en arrière, un hennissement plaintif, puis, immédiatement après, un juron énergique, suivi du bruit d'une lourde chute. Le cheval d'un des laquais venait de s'abattre.

Le prince tourna bride aussitôt, et piqua des deux dans la direction de ses valets.

Jean de Courtenay aimait ses chevaux presque autant que ses gens, et redoutait les accidents, pour les uns comme pour les autres.

Le laquais venait de dégager sa jambe droite, prise sous la selle, et tirant sa monture par la bride, s'efforçait de la remettre sur ses jambes.

Vains efforts.

Une suprême convulsion agita les membres du noble animal, — puis, à cette convulsion, succéda l'immobilité absolue.

Il était impossible d'en douter — le cheval était mort.

— Voilà qui est bien étrange ! — s'écria le prince, — cette bête, il y a une heure, se portait à merveille, et, maintenant, la voilà foudroyée !... — Quel est donc ce mal inconnu ?...

— Une congestion cérébrale, peut-être, — hasarda le comte de Pessac, — j'en ai vu des exemples à peu près semblables...

— Peut-être, en effet, — répliqua Jean de Courtenay, — mais, n'importe, c'est étrange...

— Que faire, monseigneur? — demanda Picard, qui se trouvait ainsi démonté.

— Mets à ta ceinture, mon pauvre garçon, les pistolets qui sont dans les fontes, et suis-nous à pied!... — nous marcherons un peu plus lentement, mais cela ne nous empêchera pas d'arriver.

# XXIII

### LES EMPOISONNEMENTS

Le prince de Courtenay n'avait eu que le temps de se remettre en selle, et Picard achevait à peine d'exécuter l'ordre qu'il venait de recevoir, lorsque le cheval de Lorrain, le second valet, donna tout à coup les signes d'une agitation extraordinaire. Il se mit à ruer violemment, à se débattre, en hennissant et en écumant. — Puis, malgré la fermeté de la main qui le contenait, il partit à un galop furieux, coupé de voltes impétueuses et de soubresauts frénétiques.

Cinq minutes de cette course insensée suffirent pour désarçonner le cavalier, qui roula sous le sol comme une masse inerte. Le cheval bondit pendant quelques pas encore, poussa un nouveau hennissement de douleur et d'agonie, et tomba roide mort. On courut à Lorrain pour le relever.

Tout secours était inutile. Le pauvre diable, en tombant, s'était brisé la colonne vertébrale et n'avait pu survivre une seconde à cette horrible chute.

Jean de Courtenay, atterré et le comte de Pessac qui ne semblait ni moins surpris ni moins désolé que le prince, attachèrent leurs chevaux par la bride au tronc d'un jeune arbre et soulevèrent le corps de Lorrain. Aidés par Picard, ils le portèrent sur l'un des talus gazonnés qui bordaient le chemin, et M. de Courtenay, agenouillé à côté de lui, appuya la main sur le cœur du malheureux domestique, espérant y saisir encore un indice de vie. Mais ce cœur ne battait plus.

— Seigneur, mon Dieu! — s'écria le prince, — quelle catastrophe horrible et imprévue!... — Je donnerais sans hésiter tout l'or que je porte, et le double, et le triple, pour rappeler à la vie ce brave serviteur!...

— C'est affreux!... affreux!... — murmura M. de Pessac.

— Ma tête s'égare, — reprit Jean de Courtenay; — ce vertige horrible, s'emparant coup sur coup et presque en même temps de ces chevaux, me semble un mystère inexplicable!... Comprenez-vous quelque chose à ce qui se passe, monsieur le comte?...

— Non, monseigneur, pas plus que vous.

— Nous ne pouvons emporter ce pauvre cadavre, — poursuivit le prince; — je vais mettre mon cheval au galop, jusqu'à Sussy, et je reviendrai avec du monde, une civière et des flambeaux.

— Désirez-vous que je vous accompagne jusqu'au but de votre course, monseigneur? — demanda M. de Pessac.

— Merci, mille fois; je me reprocherais de vous écarter ainsi de votre chemin.

— Usez de moi sans crainte, monseigneur, je vous en prie.

— Merci de nouveau, monsieur, mais à quoi bon ?

Le comte de Pessac n'insista pas.

Jean de Courtenay brisa une petite branche d'arbre en deux morceaux qu'il plaça en forme de croix sur la poitrine de Lorrain. Ensuite il se rapprocha de son cheval.

Qu'on juge de ce qu'il éprouva en voyant l'état dans lequel se trouvait cette noble bête. Debout sur ses quatre jambes roidies et écartées, il tremblait violemment, et des frissons convulsifs ridaient sa robe soyeuse et brillante. Une écume épaisse coulait de sa bouche et de ses naseaux. Evidemment il subissait la première atteinte de ce mal inconnu et terrible qui venait de foudroyer ses deux compagnons.

— Voyez ! voyez ! — s'écria le prince.

Le comte de Pessac accourut.

Les jambes du cheval ployaient sous lui. Il tomba sur le flanc. Une convulsion suprême agita ses membres, et il expira.

— C'est infernal ! — murmura le prince ; — quelque maléfice du démon se mêle à tout ceci !

— Monseigneur, — demanda le comte, — vous connaissez-vous des ennemis ?

— Des ennemis, monsieur ? — pas un seul ; — je ne fais de mal à personne... et je fais autant de bien que je puis...

— Ce n'est pas toujours une raison... Cherchez encore, monseigneur...

— Personne dans ce pays, je vous le répète, ne peut me haïr ! — Mais pourquoi cette question ?

— Parce qu'il est évident pour moi, monseigneur,

qu'une substance vénéneuse a été mêlée à l'avoine de vos chevaux... Maintenant, est-ce au hasard ou à la malveillance qu'on doit attribuer ce fait?... — Voilà ce que j'ignore et ce que je ne saurais dire.

— Ainsi, monsieur, vous croyez à un empoisonnement?

— Comment expliquer d'une autre façon cette triple catastrophe?

— C'est vrai; mais votre cheval, monsieur, semble aussi bien portant que possible...

— C'est vrai, monseigneur, et cela ne sert qu'à m'affermir dans mes conjectures, et me faire croire à un empoisonnement prémédité...

— Pourquoi cela, monsieur?

— Mon cheval n'était pas dans la même écurie que les vôtres; mais c'est la même avoine, sortant du même sac, qui leur a été donnée à tous. Si, donc, les vôtres seuls sont atteints, c'est qu'évidemment on n'en voulait qu'à eux.

— Vous avez raison, monsieur... — l'empoisonnement est en effet certain, mais qui donc a pu s'attaquer ainsi à moi? Pourquoi? Dans quel but...

— Je ne puis ni le comprendre, ni le deviner, monseigneur...

Pendant quelques secondes, Jean de Courtenay s'absorba dans une profonde et douloureuse méditation.

— Que faire? — murmura-t-il ensuite à demi-voix, — que faire?

— Oserais-je vous demander ce qui vous préoccupe en ce moment, monseigneur? — hasarda M. de Pessac.

— Je ne sais comment m'y prendre, monsieur le comte, pour retourner chez moi... à pied et chargé d'une lourde valise...

— Il n'y a, ce me semble, monseigneur, qu'une seule chose possible et facile...

— Et c'est, monsieur ?...

— C'est monseigneur, d'accepter l'hospitalité de mon pauvre vieux château en ruine... — Vous y serez bien mal, monseigneur, mais une nuit est si vite passée... — Pendant ce temps, votre valet continuera sa route jusqu'à Sussy, il vous ramènera demain matin des chevaux frais... et, quant au corps inanimé de votre second serviteur, je l'enverrai chercher sans retard et on le déposera dans la chapelle à demi écroulée de mon manoir, jusqu'au moment où un prêtre pourra l'ensevelir en terre sainte... Que dites-vous de mon offre, monseigneur ?... Elle est faite, croyez-le bien, du plus profond de mon cœur...

Jean de Courtenay hésita pendant un instant.

Un vague sentiment de défiance instinctive lui criait de ne point passer la nuit sous le toit de cet homme. D'ailleurs, le prince, — nous le savons, — croyait difficilement au mal. Il chassa donc ses défiances vagues, et, tendant la main au gentilhomme, il lui dit :

— J'accepte, monsieur, l'hospitalité de votre maison, et cela d'aussi bon cœur que vous me l'offrez...

— Vous me rendez bien fier et bien heureux, monseigneur ! — s'écria le comte de Pessac, — et, sans les douloureuses circonstances qui vous font mon hôte, je dirais : — bien joyeux !...

— Nous sommes à une demi-lieue de chez vous, n'est-ce pas?

— A peine, monseigneur...

Le prince prit dans ses fontes les pistolets qu'il passa dans la ceinture du couteau de chasse qu'il portait au lieu d'épée, quand il voyageait à cheval. Il déboucla la sacoche remplie d'or, il la jeta sur son épaule gauche, puis, se tournant vers M. de Pessac, il lui dit :

— Quand vous voudrez, monsieur... Me voici prêt à vous suivre.

Et Jean de Courtenay se mit en route avec le comte.

Ce dernier conduisait en main son cheval.

Une demi-heure suffit pour amener les deux hommes à cette éminence d'où l'on découvrait, à travers les arbres, les toits du manoir de Pessac.

Ils prirent un chemin de traverse, sur la droite, et ne tardèrent pas à se trouver en face du château que la superstition populaire appelait, nous le savons, le *Château des Spectres*.

La lune éclairait de ses lueurs ces constructions décrépites, et permettait d'en distinguer les moindres détails presque aussi bien qu'en plein jour.

Nous avons dit qu'une partie plus récente de l'édifice avait été reconstruite avec les débris de l'ancienne demeure seigneuriale.

Cette construction, lourde et disgracieuse, percée de fenêtres irrégulières et flanquée de deux tourelles, l'une carrée et l'autre ronde, se détachait sur des pans de murailles croulants, entièrement recouverts de ce manteau sombre et destructeur que le lierre étend sur les ruines.

L'ancienne chapelle, — dont la toiture était effondrée depuis un temps immémorial, — profilait en noir, sur le ciel, les vives arêtes de son fronton et la rosace ciselée à jour de son vitrail gothique. Une belle et large pièce d'eau touchait aux murs, elle occupait l'espace où se trouvaient jadis les fossés, et elle entourait le château de tous les côtés.

On arrivait à la porte d'honneur par un pont de pierre et de bois, sans garde-fou et en assez mauvais état. Du côté opposé, une simple passerelle en planches était jetée sur l'étang, dans un endroit où il avait peu de largeur.

Cette passerelle conduisait à un pré-bois, de l'effet le plus pittoresque, qui se prolongeait jusqu'à la lisière d'une vaste forêt, dont quelques arpents avaient jadis servi de parc au château.

Toute trace de clôture avait disparu, et la forêt étendait sans entrave sa puissante végétation, que l'art des élèves de Lenôtre ne venait plus régulariser sous prétexte de l'embellir.

Sur la gauche, non loin du pont de pierre, — se voyaient les communs, — les écuries, — les bâtiments d'exploitation agricole.

Sur la droite s'étendait un jardin potager assez vaste, qui fournissait en abondance des légumes et des fruits.

La partie quasi moderne du château communiquait, par des passages et des souterrains, aux ruines de l'ancien édifice.

## XVIX

### L'HOSPITALITÉ

Jean de Courtenay et M. de Pessac atteignirent le pont de pierre jeté sur la pièce d'eau et conduisant à la porte d'honneur.

Sans une faible lueur qu'on voyait briller derrière les vitres de l'une des fenêtres du rez-de-chaussée, le château aurait semblé complétement désert.

A l'entrée du pont, une petite cloche était suspendue à un poteau de bois, et servait à annoncer les visiteurs. Le maître du logis saisit la chaîne de fer qui mettait cette cloche en branle, et l'agita violemment.

Aussitôt la porte s'ouvrit et un domestique accourut.

— Jean, — lui dit le comte en lui jetant la bride de sa monture, — conduisez mon cheval à l'écurie, et revenez prendre mes ordres.

Le valet obéit sans répondre un seul mot.

— Monseigneur, — fit alors M. de Pessac avec un sourire un peu contraint, — vous savez déjà que vous acceptez l'hospitalité d'un gentilhomme pauvre, et cependant, ce que je vais vous dire vous semblera peu vraisemblable, car il est des choses dont vous ne pouvez vous faire aucune idée... Cet homme, que vous venez de voir, compose, comme une vieille servante attachée à la personne de ma nièce, toute ma maison, — il est mon valet d'écurie, — mon valet de chambre, — mon maître d'hôtel, — mon cuisinier, mon jardinier et mon intendant. — Le pauvre diable cumule!... — et, avec cela, ses gages sont si rarement payés qu'il est incontestable pour moi qu'il me sert par dévouement plus que par intérêt...

— Rien au monde, monsieur, — répliqua le prince, — ne me semble faire votre éloge plus que ce que vous venez de me dire... c'est toujours un bon maître et un honnête homme que celui qui inspire un pareil attachement à ses serviteurs...

Le comte de Pessac s'inclina.

Jean de Courtenay et le gentilhomme avaient franchi le pont et atteignaient les degrés de pierre vermoulus qui donnaient accès dans l'intérieur du vestibule.

Au-dessus de la porte se voyait l'écusson des sires de Pessac, — *de gueules à l'épée d'argent*, — timbré de la couronne de comte et soutenu par deux chimères flamboyantes.

Le comte ouvrit cette porte.

— Monsieur, — dit-il, — passez et soyez le bienvenu dans cette maison...

— Merci, monsieur, — répondit le prince, — ce m'est un honneur que d'entrer chez un si courtois gentilhomme.

Aucune lumière n'éclairait le vestibule, l'obscurité était profonde. On sentait, en entrant dans cette vaste pièce dallée, une humidité froide et pénétrante, qu'on devait attribuer sans doute, au voisinage de la pièce d'eau.

M. de Pessac fit quelques pas à droite et ouvrit une seconde porte.

— Par ici, monseigneur, — dit-il.

Jean de Courtenay le suivit et pénétra dans une chambre carrée, de dimensions imposantes éclairée doublement par les flammes pétillantes d'un grand feu et par une petite lampe placée sur le manteau de la haute cheminée.

Une seule personne se trouvait dans cette pièce.

C'était une servante, déjà âgée, vêtue à peu près comme une paysanne, accroupie au coin du feu, sur une escabelle basse, et tricotant.

Elle tourna la tête en entendant le bruit que fit la porte en s'ouvrant, — elle aperçut son maître accompagné d'un inconnu, et elle se leva aussi vite que le lui permettaient ses vieilles jambes.

— Monseigneur, — dit à son hôte le comte de Pessac, — à la fin de septembre les soirées sont froides, surtout ici... approchez-vous de ce feu, je vous en prie...

Et M. de Pessac traîna à l'un des angles de la cheminée un vieux fauteuil gothique, en chêne noirci et à dossier blasonné.

Puis il ajouta :

— Monseigneur, asseyez-vous...

La vieille servante, entendant appeler *monseigneur* l'étranger qui venait d'entrer, ouvrait de grands yeux et le regardait d'un air de stupéfaction comique.

Le prince posa sa sacoche pleine d'or sur le manteau de la cheminée et s'assit.

M. de Pessac jeta lui-même sur le brasier ardent une brassée de menu bois, un tourbillon de flammes joyeuses s'en échappa en pétillant.

— Vous aviez raison, monsieur, — dit le prince, — je sens que la nuit est froide et que ce feu fait du bien...

— Prenez-vous quelque chose avant le souper, monseigneur?...

— Je vous remercie mille fois... je ne me sens aucun appétit, j'attendrai...

— C'est que, peut-être, nous souperons un peu tard.

— Tant mieux!... la triste catastrophe de ce soir m'a complétement ôté l'appétit.

M. de Pessac se tourna vers la vieille servante, qui demeurait là, droite et immobile, les yeux largement ouverts et les bras ballants.

— Barbe, — lui dit-il, que faites-vous donc?...

— Rien, monsieur le comte... j'attendais vos ordres...

— Où est votre maîtresse?

— Dans sa chambre, monsieur le comte.

— Depuis quand ?

— Depuis un instant; mademoiselle est remontée chez elle quand elle a entendu sonner.

— Ne savait-elle donc pas que c'était moi qui rentrais?

— Elle n'a rien dit, monsieur le comte.

— Allez prévenir mademoiselle de Thiphaine que monseigneur le prince de Courtenay nous fait l'insigne honneur d'accepter l'hospitalité, pour cette nuit dans ma demeure, et priez-la de descendre sans retard.

— Oui, monsieur le comte.

La vieille servante fit une révérence grotesque et sortit.

— Mademoiselle votre nièce s'appelle mademoiselle de Thiphaine? — demanda le prince.

— Oui, monseigneur.

— Elle appartient sans doute à la grande famille de ce nom, originaire du Poitou?

— Oui, monseigneur; ma sœur, Gabrielle de Pessac, épousa, malgré mes conseils, un cadet de la maison de Thiphaine... Nous sommes voués à la misère dans notre famille!... Ange de Thiphaine, ma nièce, fut l'unique fruit de cette union fatale, dénouée par une mort prématurée... La naissance d'Ange coûta la vie à ma pauvre sœur, et M. de Thiphaine ne lui survécut que quelques mois.

— Avec le grand nom qu'elle porte, mademoiselle votre nièce trouvera facilement à se marier... — dit le prince.

— Jamais, monseigneur!

— Et pourquoi?

— Une Thiphaine ne peut épouser qu'un grand seigneur... — et quel grand seigneur viendra chercher Ange au milieu des ruines et l'épousera sans dot?... La vie de la pauvre enfant est simple et tracée d'avance; tant que j'existerai elle sera ma compagne et ma consolation... après moi elle entrera en religion.

Ce que venait de dire le comte de Pessac était, au

fond, l'avis de Jean de Courtenay. Aussi ne trouva-t-il rien à répondre.

Le silence s'établit.

M. de Pessac s'était assis, de l'autre côté de la cheminée, sur un fauteuil un peu plus bas que celui du prince. Ce dernier laissait errer un regard tout à la fois distrait et curieux autour de la pièce dans laquelle il se trouvait.

Cette pièce était vaste, nous l'avons dit et conservait des traces incontestables d'une ancienne opulence.

Sous l'épaisse couche de vernis noir que la fumée avait étendue sur les solives saillantes et sculptées du plafond, on distinguait des vestiges de couleurs vives de lapis-lazuli, de pourpre et de dorures.

Une tapisserie flamande, du temps de Henri II, ajustée dans un large encadrement de bois de chêne curieusement travaillé, recouvrait les murailles.

La cheminée, — très élevée, nous le savons, — était en pierre grisâtre, sculptée, et les armes de Pessac en formaient le couronnement.

En face de cette cheminée, un assez beau miroir de Venise, dans son cadre de bois d'ébène, se suspendait à la tapisserie.

Les fauteuils et les escabelles étaient en chêne, — armoriés et recouverts en tapisserie.

Des bahuts et des crédences, de style gothique, complétaient le mobilier, avec une grande table à pieds contournés.

Tel que nous venons de le décrire, et avec la passion violente dont s'est prise notre époque pour les curiosités anciennes, cet ameublement paraît splendide.

Mais, à l'époque que nous mettons en scène, toutes ces belles choses semblaient un amas de vieilleries sans valeur.

Jean de Courtenay achevait de promener son regard autour de la pièce, quand la porte qui donnait dans le vestibule s'ouvrit.

Le factotum déguenillé parut sur le seuil, et annonça avec une certaine solennité :

— Mademoiselle Ange de Thiphaine !...

## XXV

#### ANGE DE THIPHAINE

Le prince de Courtenay se leva en entendant annoncer mademoiselle de Thiphaine, et fit quelques pas du côté de la porte.

Ange parut.

C'était une jeune fille de taille moyenne, mais, cependant, plutôt grande que petite.

On ne pouvait dire que sa beauté fût remarquable, — on ne pouvait même dire qu'elle fût belle, — mais il y avait en toute sa personne un charme, un attrait indéfinissables, quelque chose enfin de plus facile à comprendre qu'à décrire.

Ses grands yeux, d'un bleu foncé, offraient une expression pensive et recueillie. Ils semblaient devoir laisser lire facilement jusqu'au fond de son âme.

Le sourire de sa petite bouche était doux et presque angélique. Son visage, d'un ovale un peu allongé, était pâle, d'une pâleur mate et dorée, que faisaient encore ressortir les bandeaux lisses et brillants de ses cheveux bruns, qu'elle ne relevait point selon la mode de l'époque.

Le costume de la jeune fille affectait une simplicité presque monastique.

Ce costume consistait en une longue robe de laine brune, serrée à la taille par une cordelière de soie.

Un large col blanc, tout uni, tranchait sur la teinte sombre de la robe.

Les bras de mademoiselle de Thiphaine, d'une forme charmante et terminés par des mains de princesse, sortaient, depuis le coude, des manches larges et flottantes.

Ainsi vêtue, — les yeux baissés, — le visage chaste et rêveur, — la jeune fille était digne de son nom.

Elle ressemblait à l'un de ces anges frêles et gracieux peints par Cimabue, Giotto et le Pérugin.

Une légère teinte rosée colora ses joues au moment où Jean de Courtenay s'inclina devant elle avec l'aristocratique galanterie d'un grand seigneur, et lui présenta la main pour la conduire au fauteuil qu'il avait, jusqu'à ce moment, occupé lui-même.

La timidité de mademoiselle de Thiphaine était excessive, et bien naturelle d'ailleurs chez une jeune fille qui avait passé sa vie entière dans la solitude.

Le prince essaya d'échanger avec elle quelques-unes de ces phrases banales qui rendent facile une apparence de conversation. Il n'en put tirer que des monosyllabes, accompagnés d'une vive rougeur.

M. de Courtenay comprit qu'il ne saurait être plus agréable à la pauvre enfant qu'en ne lui adressant plus la parole, et il cessa de s'occuper d'elle, — ostensiblement du moins, — car il trouvait un singulier plaisir à caresser du regard les lignes fluides de son visage, de son cou, et de sa taille, à peine entrevue sous l'étoffe de laine qui n'en pouvait cependant dissimuler la souple finesse.

Pendant ce temps, M. de Pessac s'était entretenu à voix basse, et vivement, avec son unique domestique.

Le valet sortit.

Le comte revint auprès de la cheminée.

— Monseigneur, — dit-il, — mon domestique, je ne sais pourquoi, s'était figuré que je passerais cette nuit à La Châtre et que je ne reviendrais que demain matin ; — cette fâcheuse circonstance m'oblige à vous avouer que nous ne souperons que dans deux heures...

— Cela importe peu, monsieur, — répondit le prince, — je ne crois pas que dans deux heures, plus que maintenant, je me trouve en grand appétit... — Une chose seulement m'est un vif regret... c'est de voir tout l'embarras que je cause dans votre maison...

Le comte affirma que cet embarras n'existait point, puis il reprit :

— J'ai pensé, monseigneur, que vous pouviez être fatigué, et j'ai donné l'ordre d'allumer un grand feu dans la chambre où vous devez coucher... — Si vous le trouvez bon, vous y pourrez reposer jusqu'au souper.

— De très grand cœur, monsieur, car, en effet, je me sens fort las...

— Aussitôt que la chambre sera préparée, on viendra vous prévenir, — ajouta le comte.

Quelques minutes se passèrent. La conversation, éteinte, ne se ranimait pas.

Le valet, tenant un bougeoir allumé à la main, reparut sur le seuil.

— Monsieur le comte, — dit-il, — la chambre de monseigneur le prince est prête...

— Quand vous voudrez, monseigneur, — dit alors M. de Pessac à Jean de Courtenay.

Ce dernier se leva et salua mademoiselle de Thiphaine, il reprit ses pistolets et sa sacoche et il suivit son hôte qui passait le premier pour lui montrer le chemin.

Ils traversèrent ensemble ce grand vestibule dont nous avons parlé.

Des murailles nues et humides n'avaient pour tout ornement que quelques bois de cerfs, destinés jadis, sans doute, à soutenir des trophées d'armes.

Le comte et M. de Courtenay s'engagèrent ensuite dans un large escalier, dont les marches de bois, disjointes et tremblantes sous le pied, semblaient à chaque instant devoir s'écrouler. Cet escalier aboutissait à une sorte d'antichambre carrée, percée de quatre portes.

Le comte ouvrit l'une de ces portes et introduisit M. de Courtenay dans une pièce dont l'ameublement presque somptueux contrastait étrangement avec la misère de certaines autres parties de l'habitation.

La tenture, ainsi que les rideaux des fenêtres et du lit, étaient en lampas d'un rouge sombre.

Quatre vieux portraits de famille, — en pied, — aussi grands que nature, — occupaient, dans leurs cadres magnifiques mais un peu dédorés, quatre des panneaux de la chambre.

Le lit était à colonnes torses et à baldaquin.

Dans la chambre brûlait un grand feu.

— Monseigneur, — dit le comte à M. de Courtenay,

— cette chambre était celle de mon père. Depuis qu'il a rendu à Dieu sa belle âme, personne n'était entré ici... Il a fallu la venue dans ma maison d'un hôte tel que vous pour que cette chambre soit rouverte... Je vous laisse, monseigneur; aussitôt que le souper sera servi, j'aurai l'honneur de vous prévenir.

Et, sans attendre la réponse du prince, M. de Pessac sortit et referma la porte.

Jean de Courtenay s'étendit dans un fauteuil, au coin du feu, et se mit à repasser dans son esprit tous les événements accomplis depuis quelques heures.

Il fouilla, d'abord, longtemps et vainement dans ses souvenirs, pour y trouver qulqu'un à qui il eût pu donner un motif de haine. Sa conscience lui démontrait d'une façon si péremptoire qu'il était impossible que qui que ce fût eût empoisonné ses chevaux et causé la mort d'un de ses valets, pour accomplir une détestable vengeance, qu'il en arriva à se persuader qu'un accident fortuit et inexplicable était la seule cause de tout le mal. Le prince pensa ensuite à son hôte.

— Croyez-en donc sur parole les bruits et les voix du monde! — se dit-il à lui-même; — voici un homme déconsidéré, — méprisé, — honni! — objet de terreur et de haine!... — Eh bien! cet homme, si accusé, si attaqué, si calomnié, est un gentilhomme plein de cœur, de loyauté, de franchise!... — c'est un modèle de toutes les vertus nobles et chevaleresques !...

En se parlant ainsi, Jean de Courtenay leva machinalement les yeux vers les quatre portraits de famille qui représentaient quatre des ancêtres du comte de Pessac.

L'un d'eux attira plus particulièrement son attention.

C'était celui qui se trouvait placé presque en face de lui, non loin du lit, du côté opposé à la fenêtre.

Il reproduisait les traits d'un vieux et rude chevalier, du temps des rois de la seconde race.

Le visage du vieux seigneur était la seule partie de lui-même qui ne disparût point sous une carapace de fer et d'acier.

Les traits de cette figure énergique offraient une expression de vaillance farouche.

Cet homme avait dû être brave, à coup sûr, mais à coup sûr aussi, il avait dû être cruel.

Le regard jaillissait comme un éclair des yeux à demi cachés sous des sourcils épais et grisonnants.

Ces yeux semblaient vivants.

Soit que le peintre eût fait preuve d'un talent hors ligne, soit que les lueurs intermittentes du foyer, projetées sur le tableau, contribuassent à l'illusion, à deux ou trois reprises Jean de Courtenay crut voir les yeux de cette tête inanimée se tourner vers lui avec une expression bizarre et menaçante.

## XXVI

### LA CHAMBRE ROUGE

M. de Courtenay, étonné mais non ému, se leva, prit le bougeoir, et se dirigea vers le vieux tableau pour le voir de plus près. Il fit avec sa main ouverte une sorte de réflecteur, de façon à diriger toute la lumière sur le visage du portrait.

La singulière illusion persista. Les prunelles étincelantes parurent, plus que jamais, diriger leur regard courroucé sur le visage curieux.

Le prince se prit à sourire.

— A coup sûr, se dit-il, le vent agite par derrière cette toile antique et produit cet effet étrange...

Et, afin de se bien convaincre qu'il ne se trompait pas, il toucha le tableau du bout du doigt. Mais, à son grand étonnement, il sentit sous cette pression un corps dur et résistant.

Le portrait était peint sur bois.

Jean de Courtenay se décida à attribuer à son imagination ce qu'il voyait, ou plutôt ce qu'il croyait voir, et il continua autour de la chambre sa promenade et son examen.

De l'autre côté du lit massif, il aperçut une porte qu'il n'avait point remarquée jusque-là.

La clef était dans la serrure, du côté du prince, il fit jouer cette clef, et la porte s'ouvrit.

Il se trouva dans un cabinet assez vaste, sans issue apparente et complétement démeublé.

Ce cabinet prenait jour par une large fenêtre à très petits carreaux.

L'un des carreaux était brisé, un courant d'air s'établit et éteignit le bougeoir du prince.

Il rentra dans la chambre, — posa son bougeoir sur la cheminée, sans le rallumer, retourna dans le cabinet et s'approcha de la fenêtre qui donnait sur les derrières du château.

L'étang, les prés-bois, et, un peu plus loin, la sombre forêt, s'étalaient devant le regard et, sous les douces clartés de la lune, formaient un paysage empreint tout à la fois de grandeur et de mélancolie.

— Tout cela, — pensa Jean de Courtenay avec douleur, — tout cela, aussi loin que la vue peut s'étendre à l'horizon, appartenait jadis à la noble famille de Pessac... et voici que maintenant, faute d'un peu d'or, le dernier héritier du nom va se voir chassé du domaine de ses ancêtres !... Rien ne me semble plus lugubre que de voir une famille illustre déchoir et s'éteindre dans la misère... L'agonie d'une race est plus triste que la mort d'un homme.

Le prince s'appesantit pendant un instant sur ces pensées, puis il reprit, toujours se parlant à lui-même :

— Il est honnête, il est loyal et bon, pourtant, ce gentilhomme !... il n'a rien fait pour mériter le malheur qui le frappe ! — Et sa nièce, cette pauvre enfant si belle et si pure, fatalement destinée à une vie de privations et de larmes, terminée par les rigueurs du cloître ! D'où vient que Dieu se montre si dur pour elle... Mais qui sait si Dieu ne m'a pas envoyé ici aujourd'hui pour y amener en même temps consolation et secours ?... Peut-être cet or, que je porte là, avec moi, et dont je peux si bien me passer, suffirait-il pour relever cette famille !... — J'essayerai ! — Aussitôt après le souper je prierai le comte de Pessac de me mettre au courant de ses affaires... nous verrons ensuite.

En se disant tout ce qui précède, Jean de Courtenay n'avait pas quitté la fenêtre du cabinet.

Tout à coup, il entrevit comme deux formes confuses qui semblaient sortir de la lisière de la forêt et se diriger vers le pré-bois. Bientôt ces formes devinrent plus distinctes. — C'étaient deux hommes qui s'approchaient de son château.

Après dix minutes de marche, ces hommes que par une curiosité instinctive M. de Courtenay ne perdait pas de vue, s'arrêtèrent à l'entrée de la passerelle jetée sur l'étang.

La lune les éclairait à peu près comme en plein jour, et la distance n'était pas assez grande pour empêcher le prince de reconnaître Jacomé, l'usurier de La Châtre, et Combons, le faux monnayeur de Saintaine, qu'on lui avait montrés à la foire.

Jean de Courtenay se sentit un peu étonné de l'arrivée inattendue de ces individus mal famés.

Elle pouvait, cependant, à tout prendre, s'expliquer d'une manière naturelle.

A l'entrée de la passerelle, il y eut entre Jacomé

et Combons une conférence de quelques secondes.

Puis Combons mit la main dans sa poche et en retira un objet qu'il approcha de ses lèvres.

Un coup de sifflet faible et doux, mais qui devait s'entendre de très loin, retentit aussitôt, et ce bruit se renouvela à trois reprises.

Une minute s'écoula, puis un troisième personnage, sortant du château et franchissant la passerelle, rejoignit les deux autres.

C'était le comte de Pessac.

Un instant de conversation très animée suivit ce rapprochement, ensuite le gentilhomme et les nouveaux venus traversèrent la passerelle ensemble et entrèrent dans la maison.

Ceci devenait extraordinaire et fit réfléchir Jean de Courtenay qui venait de se rasseoir auprès du feu.

Evidemment l'usurier et le faux monnayeur étaient attendus, puisque le comte, à un signal convenu d'avance, se présentait pour les recevoir...

Pourquoi donc M. de Pessac n'avait-il pas dit un seul mot au prince de la venue probable de ces deux hôtes? Pourquoi arrivaient-ils à pied, par les bois, comme des gens qui se cachent? — Pourquoi ne se présentaient-ils point au château par la grande entrée, et pourquoi les introduisait-on en quelque sorte furtivement?

Nous irions trop loin en affirmant que, dès ce moment, Jean de Courtenay conçut des soupçons sérieux et une inquiétude réelle. Seulement, sa confiance absolue en l'honneur du comte de Pessac se trouva, sinon évanouie, du moins quelque peu ébranlée.

Il résolut de ne se séparer ni de ses armes, ni de sa sacoche remplie d'or quand il descendrait pour le souper.

En conséquence, il assujettit solidement la petite valise au ceinturon de son couteau de chasse, et, au moment de mettre ses pistolets dans les poches de son habit de cheval, il les examina avec soin, pour bien s'assurer qu'il pouvait compter sur eux en cas de besoin.

A peine venait-il d'en abattre le bassinet, qu'un cri s'échappa de ses lèvres.

La poudre des amorces avait été mouillée à dessein, les armes étaient hors de service !...

Alors, pour la première fois, apparut à Jean de Courtenay le concours de circonstances effrayantes, groupées fatalement, et qui, maintenant, l'entouraient d'un inextricable réseau.

L'empoisonnement de ses chevaux, — l'unique serviteur qui restât sain et sauf éloigné par le conseil du comte de Pessac, — les amorces de ses pistolets mouillées, — deux hommes, réputés capables de tout, arrivant mystérieusement au château... — tout se réunissait, on le voit.

Ces diverses présomptions, — comme on dit en style d'*acte d'accusation*, — semblaient établir de façon péremptoire qu'un complot avait été tramé contre le prince, et qu'il venait de donner tête baissée dans le piége tendu avec une habileté véritablement infernale.

Mais Jean de Courtenay ne put accepter l'idée d'une si infâme et si lâche trahison.

Malgré l'évidence, il voulut douter encore.

— Les apparences sont trompeuses parfois, — se dit-il; — peut-être que, bientôt, je rougirai des soupçons que je viens de concevoir...

Cependant il ne se dissimula pas que, si ses soupçons étaient fondés, sa situation devenait véritablement effrayante. Seul et désarmé, contre trois brigands, que pourrait-il faire? Tout au plus lui resterait-il l'espoir de vendre chèrement sa vie.

Le prince alla à la porte de la chambre et il en examina les moyens de fermeture. La serrure était massive et solide, — mais on pouvait en avoir une double clef.

Il y avait en outre deux petits verrous assez faibles, et qui ne résisteraient pas longtemps à une pression vigoureuse.

Le prince, convaincu que si un danger réel le menaçait en effet, ce danger ne se manifesterait pas avant le souper, ne poussa point ces verrous, et attendit.

Une heure se passa encore.

Puis, un coup léger fut frappé à la porte.

— Entrez!... — dit Jean de Courtenay.

M. de Pessac parut sur le seuil.

En l'honneur de son hôte, il avait revêtu ses meilleurs habits; sa physionomie était tout à la fois respectueuse et souriante.

— Allons! — pensa le prince, — je suis fou!... il est impossible que ce brave gentilhomme soit un assassin et un voleur!...

— Monsieur, — dit le comte en s'inclinant, — s'il vous plaît de descendre, je pense que le souper sera servi sur table dans un instant... Triste souper, monseigneur... mais nous avons fait de notre mieux...

— Me voici, monsieur, — répondit le prince.

— Avez-vous pris un peu de repos, monseigneur ?

— Je l'aurais voulu, mais cela m'a été impossible... Je n'en dormirai que mieux cette nuit.

— J'aurai soin, monseigneur, qu'on chauffe votre lit aussitôt après le souper...

— Oh ! je sais, monsieur le comte, répondit le prince, — que je dois m'attendre, de votre part, à toutes les prévenances.

— Et je ne ferai pas encore tout ce que je devrais, monseigneur...

En échangeant les paroles que nous venons de rapporter, les deux hommes avaient descendu le large escalier, traversé le vestibule, et ils entraient dans la salle tapissée longuement décrite par nous dans l'un des précédents chapitres.

C'est là que le couvert étais mis.

# XXVII

## LE REPAS

Le prince de Courtenay s'attendait à voir dans la salle les sinistres figures de Jacomé et de Combons. Mais, à sa grande surprise, il n'aperçut que mademoiselle Ange de Thiphaine, et la vieille Barbe, debout toutes deux auprès de la cheminée.

Un rapide coup d'œil suffit au prince pour s'assurer que la table ne supportait que trois couverts.

Qu'étaient donc devenus les deux hôtes mystérieux du château ? La table, — recouverte d'une nappe d'une éclatante blancheur, et de quelques pièces d'argenterie armoriées et noircies par le temps, — était servie avec abondance.

Un large quartier de venaison, sur un plat de faïence bleuâtre, aux armes des Pessac, faisait face à un dindonneau rôti à point, et de la plus appétissante apparence.

Des viandes froides, — des légumes, — un beau poisson, pêché sans doute dans la pièce d'eau, — et une gigantesque salade, complétaient l'ordonnance du repas.

Les verres étaient de véritables *hanaps*.

Deux antiques candélabres de fer ciselé, à plusieurs branches, répandaient sur la table et dans la salle une clarté plus que suffisante, quoiqu'ils ne supportassent que des chandelles, — les bougies étant des objets d'un très grand luxe, que les gens riches pouvaient seuls se permettre.

Jean de Courtenay s'approcha de mademoiselle de Thiphaine pour lui adresser quelques-unes de ces galanteries courtoises qui étaient la menue monnaie obligée du langage des grands seigneurs de ce temps.

Mais, à peine avait-il jeté les yeux sur le charmant visage de la jeune fille que, malgré lui, il s'écria :

— Souffrez-vous, mademoiselle ?... — comme vous êtes pâle !...

— Je souffre, en effet, monseigneur... — balbutia Ange d'une voix à peine distincte, — le cœur me manque... il me semble que je vais me trouver mal...

L'apparence de la jeune fille était de nature à justifier l'exclamation de M. de Courtenay.

La pâleur dorée de son teint avait pris une teinte livide et marbrée de nuances violettes... Ses lèvres étaient sans couleur... Ses yeux, tantôt fixes, tantôt hagards, s'entouraient d'un cercle bleuâtre et bistré.

Elle ressemblait à une jeune morte qui sortirait de son tombeau et traînerait encore son suaire.

— Monsieur le comte, — dit Jean de Courtenay en s'adressant à M. de Pessac, — ne vous semble-t-il pas, comme à moi, que l'état de mademoiselle votre nièce est inquiétant ?...

— Je ne l'ai jamais vue ainsi, monseigneur... — répondit le comte.

Puis, s'adressant à Ange, il reprit avec une douceur paternelle :

— Chère petite, si vous vous sentez trop souffrante pour rester avec nous, voulez-vous vous retirer ?... — Je suis sûr, d'avance, que monseigneur de Courtenay daignera vous excuser...

— Oui, certes ! — appuya le prince.

— Merci, mon oncle... — murmura la jeune fille, — mais je désire rester, et je crois... oui... il me semble... que je vais mieux...

— Puisqu'il en est ainsi, monseigneur, nous nous mettrons à table quand vous voudrez...

Au moment où M. de Pessac achevait de prononcer ces paroles, le valet Jean entra dans la salle.

— Monsieur le comte, — dit-il, — il y a là quelqu'un qui arrive, et qui demande à vous parler...

— Est-ce pressant ?

— Oui, monsieur le comte.

— J'y vais, — fit M. de Pessac.

Et, se tournant vers le prince, il ajouta :

— Vous permettez, monseigneur ?...

— Faites, monsieur, faites, je vous en prie...

— Je reviens à l'instant...

Le comte sortit.

Jean de Courtenay resta seul avec la jeune fille et la vieille servante.

Ange s'approcha vivement de lui, et lui dit tout bas :

— Vous courez un immense danger, monseigneur !... méfiez-vous de tout, et, surtout, ne buvez pas de vin d'Espagne...

— Merci, mon enfant, — répondit le prince, plutôt avec son regard qu'avec la parole, car en ce moment, M. de Pessac rentrait, et mademoiselle de Thiphaine s'était déjà éloignée.

La physionomie du comte exprimait la contrariété la plus vive.

— Monseigneur, — dit-il, — il m'arrive une chose infiniment déplaisante...

— Laquelle, monsieur ? — demanda Jean de Courtenay d'un ton parfaitement calme.

— Le sieur Jacomé, bourgeois de Bourges, qui se trouvait à la foire de La Châtre, arrive à l'instant... — j'ai des relations avec lui... — il me croyait seul au château et il me demande une place au feu et à la table...

— Eh bien ! monsieur ?

— Eh bien ! monseigneur, j'ai répondu à Jacomé que, tant que vous me feriez l'honneur d'être mon hôte, c'est à vous, et non pas à moi de donner des ordres ici, et que tout ce que je pouvais faire était de vous transmettre sa requête...

— Le sieur Jacomé est-il seul ? demanda le prince.

— Oui, monseigneur.

— En êtes-vous certain ?

— Je n'ai vu que lui ; — mais pourquoi cette question, monseigneur ?

— C'est que tantôt, à la foire de La Châtre, Jacomé ne quittait point un certain Combons, que vous connaissez peut-être aussi, monsieur le comte...

Malgré lui, M. de Pessac rougit légèrement.

— Je le connais en effet, monseigneur, — répondit-il, — et sa méchante réputation ne me permettait de l'admettre chez moi qu'à regret... Il n'a pas paru...

Après ce que Jean de Courtenay savait déjà, une semblable duplicité ne pouvait le surprendre.

— Faites entrer le sieur Jacomé, bourgeois de Bourges, — dit-il, — et, ainsi qu'il le demande, donnez-lui place au feu et à la table...

— Il vous remerciera lui-même, monseigneur...

Et le comte de Pessac donna l'ordre au valet Jean d'introduire l'usurier.

Ce dernier se prosterna presque devant le prince, — il semblait ne pouvoir se décider à mettre un terme à ses salutations grotesquement serviles.

— Monseigneur, — murmura-t-il en se relevant enfin, — j'oserai solliciter de vous une faveur...

— Une faveur ?... — répéta le prince.

— Insigne, monseigneur...

— Parlez, monsieur.

— Je ne suis pas seul, monseigneur... — j'ai un compagnon... un vieil ami... un homme mal jugé... — il est venu avec moi jusqu'à la porte du château, mais, sachant que M. le comte de Pessac ne le voit point d'un bon œil, il n'a pas osé entrer, ni même faire annoncer sa présence au maître de céans... — Vous êtes le maître ici, ce soir, monseigneur, et je viens vous supplier de consentir à ce que le sieur Combons, de Saintaine, obtienne ici un asile pour cette nuit...

Cette abominable comédie était jouée avec une habileté si merveilleuse, que M. de Courtenay se demanda si le témoignage de ses sens ne l'avait point induit en erreur lorsqu'il avait reconnu les deux hommes par la fenêtre du cabinet.

Sans les quelques mots d'Ange de Thiphaine, qui lui revinrent en mémoire, il aurait cru s'être trompé.

— Si monsieur de Pessac ne voit point d'inconvénient, — dit-il, — à recevoir chez lui le sieur Combons, de Saintaine, je n'ai, pour ma part, nul motif de m'y opposer.

— A cause de vous, monseigneur, — répliqua le comte, — il recevra une hospitalité que je lui aurais bien certainement refusée...

— Jean, allez quérir le sieur Combons, et dites-lui que monseigneur le prince de Courtenay consent à l'admettre en sa présence.

Jacomé se confondit en protestations de reconnaissance, qui durèrent jusqu'au moment de l'entrée du troisième complice.

Combons ne possédait point, au même degré que le comte et l'usurier, le grand art de la dissimulation. Sa nature, plus grossière, était moins souple et moins hypocrite. Il se contenta de balbutier quelques mots de remercîments, et ce fut tout.

Aucun nouveau convive ne devant arriver, M. de Pessac fit placer deux couverts au bas bout de la table, et Jean de Courtenay offrit à Ange de Thiphaine, pour la conduire, sa main dans laquelle elle plaça le bout de ses petits doigts tremblants.

Le prince occupait la place d'honneur, c'est-à-dire le milieu de la table.

Il avait le maître de la maison à sa gauche et la jeune fille à sa droite.

Combons et Jacomé se trouvaient à l'autre extrémité, en face.

Le valet et la vieille Barbe faisaient le service.

Le repas était bon, — les viandes délicates et cuites à point, — le vin passable.

Jean de Courtenay, comme la plupart des gentilshommes de grande et forte race, avait repris toute son assurance et tout son sang-froid en face d'un péril désormais prévu.

Il mangeait donc avec un vigoureux appétit, et, le verre à la main, tenait tête au comte de Pessac, ayant soin cependant de ne jamais boire sans avoir vu le maître de la maison boire avant lui, du même vin...

Dans un but que nous ne tarderons pas à comprendre, il excitait même le comte à vider les bouteilles, — en portant des santés continuelles, auxquelles il était impossible de ne pas faire raison sans se rendre coupable de la plus grave impolitesse. L'ex-convive des soupers du Palais-Royal était sûr de lui-même, il connaissait la trempe vigoureuse de son cerveau, à l'abri des fumées d'une ivresse rapide, et il comptait arriver à obscurcir, par des libations répétées, le jugement et les regards des autres buveurs moins aguerris.

Le prince atteignit ce but, sinon complétement, du moins en partie.

Déjà la langue de M. de Pessac semblait plus épaisse, et sa parole devenait pâteuse.

Quant à Jacomé et à Combons, ils s'empourpraient à qui mieux mieux, et roulaient de petits yeux clignotants.

Jean de Courtenay, lui, ne perdait rien de son sang-froid.

## XXVIII

### LE VIN D'ESPAGNE

D'instant en instant, le prince jetait un furtif regard sur sa voisine de droite, Ange de Thiphaine.

Chose que l'on aurait crue impossible, la pâleur de la jeune fille, bien loin de diminuer, augmentait.

Ange ne mangeait pas, et, de temps à autre, une larme vainement contenue s'échappait de ses longs cils et roulait sur sa joue marbrée.

Elle ne levait pas les yeux, ne faisait aucun mouvement, et ressemblait à une statue de la Douleur.

— Ah ! pardieu ! — s'écria tout à coup le comte de Pessac, après avoir vidé, une fois de plus, son verre rempli jusqu'au bord, — je pense à une chose...

Il s'interrompit.

— A quoi, mon cher hôte ? — demanda le prince.

— Dans les caves presque vides de ce vieux château, — poursuivit le comte, — il existe une bouteille de vin d'Espagne...

Ange de Thiphaine se prit à trembler de tous ses membres, et elle heurta du coude le coude de M. Courtenay.

Ce dernier lui fit de la main un signe qui ne pouvait être compris que d'elle, et qui voulait dire qu'il n'avait pas oublié sa recommandation.

— Une seule... continua M. de Pessac, — mais quelle bouteille !... — une bouteille historique, monseigneur !...

— Ah ! bah ! — répondit le prince, — historique ! — et, comment cela, monsieur le comte ?...

— C'est exact, monseigneur, et je le prouve... — En 1640, le comte d'Olivarès envoya à mon bisaïeul cent flacons de vin de Xérès... — quatre-vingt-dix-neuf ont été bus... — il en resta un, — je le réservais pour une grande occasion... — il ne peut s'en présenter une plus solennelle que celle d'aujourd'hui, et en l'honneur de monseigneur le prince de Courtenay, nous allons sabler le xérès du comte-duc !...

— Excellente idée que vous avez là, monsieur, mais qui, venant de votre rare courtoisie, ne m'étonne pas.

— Vous aimez le xérès, monseigneur ?

— C'est mon vin favori, — répondit le prince ; — et du xérès qui, sans doute, était déjà vieux en 1640, doit être un breuvage digne des *dieux de l'Olympe* plutôt que de simples *mortels* !...

— Nous allons en juger, monseigneur...

— J'y consens, mais à une condition...

— Laquelle ?

— C'est que nous porterons, avec ce vin, la santé de votre charmante nièce, mon aimable voisine, mademoiselle Ange de Thiphaine...

— Ah ! monseigneur, bien volontiers !...

Le tremblement convulsif de la jeune fille augmenta. La malheureuse enfant avait peur de n'avoir point été comprise. Dans le trouble de ses pensées, elle ne devinait pas que M. de Courtenay affectait une aussi grande liberté d'esprit pour ôter toute défiance aux trois complices.

M. de Pessac fit un signe à son valet qui s'approcha.

— Tu vas, — lui dit-il, — descendre à la cave ; en voici la clef, — tu prendras la seule bouteille qui se trouve dans le troisième caveau, à main droite... — tu l'apporteras avec un saint respect, et surtout tu feras en sorte de ne la point agiter chemin faisant...

— Oui, monsieur le comte, — répondit le valet qui sortit.

— En attendant l'arrivée du nectar attendu, — s'écria le prince, — je suis d'avis, mon cher hôte, que nous achevions ces bouteilles qui, pour ne provenir point des caves d'un grand ministre, le Richelieu de l'Espagne, n'en ont pas moins leur mérite...

Et, joignant l'action aux paroles, Jean de Courtenay remplit le verre de M. de Pessac.

Jacomé et Combons se versèrent eux-mêmes à boire.

Trois fois de suite, en moins d'une minute, les verres furent remplis et vidés.

La tête du comte et celles de ses complices s'alourdissaient de plus en plus, — ils n'étaient pas ivres, cependant, mais ils commençaient à se trouver trop étourdis pour être de bien vigilants observateurs.

Le valet reparut, apportant la précieuse bouteille, enduite d'une vénérable couche de toiles d'araignées centenaires.

Il la plaça devant son maître, qui la déboucha avec soin.

C'était une bouteille noirâtre, trapue, et d'une forme toute rabelaisienne.

— D'autres verres, — dit M. de Pessac au valet.

De petites coupes, très antiques, en verre de Venise, et d'une légèreté fabuleuse, furent placées devant les convives.

Le comte se versa d'abord quelques gouttes, comme pour juger de la transparence et de la limpidité du vin.

La liqueur, semblable à des topazes en fusion, étincelait dans le cristal, aussi vivement que sous les feux du soleil d'Espagne qui l'avait mûrie.

— Admirable!... — s'écria le prince.

M. de Pessac remplit tous les verres, à l'exception de celui de la jeune fille.

— Oubliez-vous donc mademoiselle de Thiphaine?... — demanda Jean de Courtenay.

— Ma nièce ne boit jamais de vin, — répondit le comte.

Le prince n'insista pas.

— Messieurs, — dit-il en soulevant sa coupe, — honte à celui qui laissera une seule goutte de ce vin au fond du verre...

Et il ajouta aussitôt :

— Je bois à mademoiselle de Thiphaine!...

Il y eut une seconde de silence.

Puis les verres vides se reposèrent sur la table.

La pâleur de la jeune fille avait subitement disparu, — une sorte de sourire entr'ouvrait ses lèvres.

— Eh bien! monseigneur, — demanda le comte, — qu'en dites-vous?

M. de Courtenay sembla réfléchir; — il faisait claquer ses lèvres comme un gourmet qui est en train de se former une opinion consciencieuse.

— Voulez-vous que je vous parle franchement? — fit-il ensuite.

— Oui, certes.

— Mais, là, ce qui s'appelle franchement?...

— Non-seulement je le veux, mais je vous en prie...

— Vous ne m'en saurez pas mauvais gré après?...

— Ah! monseigneur!...

— Eh bien! ce vin de Xérès ne me plaît pas...

— Vraiment?

— Mon Dieu, non.

— Et pourquoi?

— Il a de grandes et incontestables qualités; il est chaud et parfumé; mais il a pris en bouteille un arrière-goût dont je ne puis me rendre compte... une sorte d'amertume inexplicable... Est-ce que vous n'êtes pas de mon avis, monsieur le comte?...

— Eh bien! franchement, si, — répondit M. de Pessac, — ce que vous venez de me dire, monseigneur, je le pensais... Seulement, moi qui ne suis qu'un pauvre gentilhomme sans fortune et qui n'ai pas comme vous l'habitude des vins d'Espagne, je pensais m'être trompé...

— Non pas, non pas... vous jugiez bien, monsieur le comte...

— Alors, monseigneur, je n'ose vous proposer de revenir à ce vin...

— En effet, je n'en accepterai pas davantage...

— Et vous, messieurs? — demanda M. de Pessac à Jacomé et à Combons.

Les deux bourgeois laissèrent remplir leurs verres, en disant :

— Quant à nous, nous n'en buvons pas tous les jours de semblable, nous viderons bien volontiers la bouteille.

Ceci, du reste, devait leur être d'autant plus facile qu'ils profitèrent du premier moment où le prince détournait la tête pour jeter derrière eux le contenu de leurs verres.

En ce moment, mademoiselle de Thiphaine laissa tomber son mouchoir.

Jean de Courtenay se baissa vivement pour le ramasser.

— Dites que vous avez sommeil, et retirez-vous... — murmura Ange à son oreille.

M. de Courtenay ne tarda point à obéir à cet avis officieux de la jeune fille.

— Monsieur le comte, — fit-il au bout d'un instant, — la journée a été fatigante pour nous tous et voici que la nuit est bien avancée... — Je me sens d'ailleurs la tête singulièrement lourde, et mes yeux se ferment malgré moi... — Nous avons tant bu à votre excellent souper !... — J'ai comme du plomb dans le cerveau et dans les paupières... — Je vous demande la permission de me retirer...

— Monseigneur, — répliqua le comte, — je vais avoir l'honneur de vous reconduire jusqu'à votre chambre... — Barbe, le lit de monseigneur est-il bassiné ?...

— Oui, monsieur le comte.

M. de Pessac prit sur la table un des candélabres et se prépara à éclairer Jean de Courtenay.

Le prince s'inclina profondément devant mademoiselle de Thiphaine — répondit à peine par un signe de tête dédaigneux aux saluts rampants de Combons et de Jacomé, et suivit M. de Pessac.

Ange de Thiphaine quitta la salle tapissée en même temps qu'eux.

— Comme il nous méprise !... — murmura l'usurier à l'oreille du faux monnayeur ; — tout à l'heure il sera moins fier !...

— Patience !... patience !... — répondit l'autre bandit.

— Dans un quart d'heure il dormira, — reprit Jacomé.

— Un quart d'heure, allons donc !... — fit Combons, — dans cinq minutes il n'entendrait pas Dieu tonner !...

Cependant le comte était arrivé avec son hôte à la porte de la chambre rouge.

Il ouvrit cette porte.

Tout était en bon ordre, — la vieille servante avait amoncelé des bûches dans la cheminée, comme si l'on se fût trouvé au plus fort des gelées de février ; — le lit, découvert et échauffé, exhalait une senteur parfumée.

M. de Pessac posa le candélabre sur la cheminée.

— Monseigneur, — dit-il en s'inclinant, — vous êtes chez vous, que Dieu vous envoie une bonne nuit...

— Elle ne saurait être que bonne sous le toit d'un hôte loyal... balbutia le prince, comme s'il eût succombé à un sommeil plus fort que lui.

Le comte se retira après avoir salué de nouveau.

A peine le bruit de ses pas avait-il cessé de se faire

entendre dans l'escalier, que M. de Courtenay courut à la porte et l'examina.

Ses pressentiments ne le trompaient point.

Pendant le souper, la clef avait été retirée de la serrure et les deux petits verrous avaient disparu.

— Allons, — murmura M. de Courtenay avec un geste de mépris sublime, — si l'on ne croyait point en Dieu, de tels hommes feraient croire au démon!...

## XXIX

L'ANGE SAUVEUR

Jean de Courtenay, usant de sa force prodigieuse, traîna contre la porte un lourd bahut de chêne, de telle sorte qu'il aurait été impossible d'entrer dans la chambre sans renverser ce bahut, — en admettant toutefois comme certaine la non-existence de quelque autre issue mystérieuse.

Le prince revint ensuite auprès de la cheminée, et, jetant un regard à ses pistolets inutiles, il tira son couteau de chasse qu'il plaça à portée de sa main.

— C'est une bonne arme... — pensa-t-l, mais à quoi me servira-t-elle ?... Pourrai-je seulement défendre ma vie contre ces misérables qui vont me tuer, de loin, à coups de carabine, comme un sanglier acculé dans sa bauge ?... Et, encore, le sanglier peut au moins, lui, faire une trouée victorieuse parmi ses ennemis sanglants et vendre chèrement sa vie !... mais, moi, rien !... rien !... l'impuissance !... Il faut attendre et mourir, à moins que du ciel ne m'arrive un secours... — à moins que Dieu ne m'envoie un ange !...

Le dernier mot qui venait de se formuler dans sa pensée fit tressaillir le prince.

— Ange! — répéta-t-il, — cette jeune fille, un ange aussi, voulait me sauver!... elle l'essayera... mais, que pourra-t-elle? Seule, au milieu de ces assassins, elle est aussi impuissante que moi...

Jean de Courtenay se laissa tomber dans le grand fauteuil, l'œil vigilant, l'oreille aux aguets; il attendit qu'un bruit ou un mouvement quelconque lui vinssent annoncer que sa dernière minute approchait.

Son regard rencontra de nouveau cet antique portrait de chevalier bardé de fer dont nous avons déjà parlé.

— Ah! — murmura-t-il, — gentilhomme du temps passé... guerrier au dur visage, toi qui combattis, toi qui mourus peut-être pour le roi que tu servais, ne tressailles-tu pas dans ta tombe, de honte et de colère, lorsque tu vois ce que deviennent aujourd'hui ceux qui portent ton nom!... — Vieux soldat d'une noble race, tes fils sont des assassins et des voleurs, et de ton manoir déshonoré ils ont fait un coupe-gorge!... — Héros des anciens jours, je t'évoque!... — Descends de ce cadre où tu dors, et viens protéger l'hôte de ta maison contre ton infâme descendant!...

A peine le prince avait-il ainsi pensé, qu'une sueur froide mouilla son front; ses cheveux se dressèrent sur sa tête; il lui sembla que ce *souffle*, dont parle l'Ecriture, *passait devant sa face*. Ses yeux s'arrondirent dans leurs orbites agrandies; et, soulevé à demi, appuyant sa main droite sur l'un des bras du fauteuil et se renversant en arrière, il se sentit dominé par une indicible épouvante.

L'ordre des choses naturelles se bouleversait pour lui !

Il entrait, tout éveillé, dans le domaine des visions fantastiques !...

Les mots, que son âme seule venait de prononcer, avaient été entendus !...

Le chevalier, — peint depuis des siècles, sortait de son cadre terni et s'avançait de son côté !...

Ainsi donc, le tombeau lâchait sa proie !... le bois se faisait chair !... un miracle s'accomplissait !...

Jean de Courtenay était brave, brave comme un Français, — comme un gentilhomme, — comme un prince. — Mais il était superstitieux. — A cette époque, qui ne l'était pas ?

En ce moment il eût préféré voir dirigés contre lui les canons des pistolets du comte et de ses complices, plutôt que de se trouver ainsi face à face avec cette vision de l'autre monde !... Le prince, malgré lui, ferma les yeux.

Quand il les rouvrit, — au bout d'une seconde, — le vieux seigneur avait disparu, et, à sa place, dans une sorte d'embrasure béante et noire, apparaissait la figure pâle et sublime et la taille frêle et souple de mademoiselle de Thiphaine, qui tenait une lanterne sourde dans sa main gauche.

Jean de Courtenay, à l'instant même, comprit tout.

Le portrait avait tourné sur des gonds invisibles, en démasquant un couloir inconnu.

L'ange était venu à son aide !...

Le prince allait parler.

La jeune fille appuya sur ses lèvres un doigt, pour l'engager à garder le silence, et lui fit signe d'approcher.

14

Il remit son couteau de chasse dans le fourreau, et il obéit.

— Venez, — lui dit Ange d'une voix basse et entrecoupée, — venez, monseigneur, je vous sauve...

En même temps elle se reculait, afin de laisser une place à côté d'elle.

Le prince s'élança et la rejoignit.

Elle toucha un ressort, et le panneau reprit sa place.

Jean de Courtenay et la jeune fille se trouvaient en ce moment dans une sorte de corridor très étroit, pratiqué dans l'intérieur de l'épaisse muraille.

Ange passa la première et dit :

— Fuyons... hâtons-nous...

Mais presque aussitôt, elle ajouta :

— Ecoutez...

Le prince prêta l'oreille.

On entendait distinctement ébranler la porte de la chambre qu'il venait de quitter.

— Ils sont là, — murmura la jeune fille, — une minute de plus, il eût été trop tard...

Et elle se prit à courir, suivie par le prince.

A peine avaient-ils fait une trentaine de pas, qu'un bruit sourd et prolongé, pareil au fracas d'un tonnerre lointain, arriva jusqu'à eux... Evidemment la porte venait d'être forcée, et c'était la chute du lourd bahut qui produisait ce bruit.

Le prince s'arrêta.

— Connaissent-ils ce passage ? — demanda-t-il, d'une voix que l'émotion rendait tremblante.

—Non, monseigneur... Marchons donc sans crainte, car vous êtes hors de danger...

Pendant plus d'un quart d'heure, le prince et sa compagne parcoururent de longs couloirs, — descendirent d'interminables escaliers, passèrent sous les voûtes sombres et humides.

Enfin la jeune fille arriva à une sorte de petite poterne qu'elle ouvrit, après avoir éteint sa lanterne sourde.

Cette poterne donnait accès dans une tour, en ruine, située à la lisière des bois, de l'autre côté de l'étang, à un quart de lieue du château.

— Monseigneur, — dit alors mademoiselle de Thiphaine, — tout péril est fini pour vous... Votre château de Sussy est de ce côté; adieu, monseigneur...

— Quoi! mademoiselle, — s'écria le prince, — vous voulez me quitter ainsi!...

— Vous n'avez plus besoin de moi, monseigneur...

— Mais, où irez-vous?

— Je retourne au château.

— Parmi ces misérables!...

— Il le faut bien.

— Mais, s'ils découvrent que c'est à vous que je dois mon salut, ils vous tueront!...

— Dieu me protégera peut-être, monseigneur...

— Je ne puis consentir à vous laisser retourner dans cet antre de crime et d'infamie!

— Eh! que voulez-vous que je devienne, monseigneur? Je n'ai pas d'asile!...

— Au nom du ciel, — au nom de votre mère, mademoiselle, ne repoussez pas l'humble prière de celui qui vous doit tout.

— Parlez, monseigneur, que voulez-vous de moi?...

— Consentez à m'accompagner, mademoiselle!...

— Placez-vous sous la loyale protection d'un gentilhomme qui n'a jamais trompé la confiance que l'on avait mise en lui...

— Je ne le peux pas... je ne le dois pas, monseigneur...

— Mademoiselle, — poursuivit le prince, — l'une de mes parentes est la supérieure d'un couvent d'Augustines, à Bourges... dès demain matin, si vous le voulez, mademoiselle, j'aurai l'honneur de vous remettre moi-même entre les mains de cette douce et sainte femme... et elle sera bien heureuse de pouvoir vous offrir auprès d'elle un asile digne de vous...

— J'accepte alors, monseigneur, — répondit simplement mademoiselle de Thiphaine, — j'accepte et je vous remercie du fond du cœur...

— D'ici à mon château de Sussy — reprit Jean de Courtenay, — il y a près de trois lieues... pourrez-vous marcher jusque-là?

— Oh! monseigneur, je suis forte et courageuse.. j'arriverai sans peine.

— Pensez-vous que nous courions le risque d'être poursuivis?

— Je ne le crois pas, monseigneur... et de plus, en nous enfonçant dans les bois il nous serait facile d'échapper à toute recherche... Tenez, d'ailleurs, regardez là-bas...

Du point un peu élevé où se trouvaient placés le prince et la jeune fille, on distinguait nettement le château et ses alentours éclairés par la lune. C'est de ce côté que le geste d'Ange attirait l'attention du prince.

Il regarda et il vit, non loin de la passerelle, le comte de Pessac et les deux bandits cherchant quelques traces sur la terre, au-dessous de la fenêtre du cabinet, car c'est cette par fenêtre qu'ils supposaient que le prince avait dû s'échapper.

— Vous voyez, — reprit la jeune fille, — que nous avons une avance considérable, et que, d'ailleurs, on ne nous cherchera point par ici... Quand vous le voudrez, monseigneur, nous nous mettrons en route...

— A l'instant, mademoiselle.

Tous deux, en effet, se dirigèrent de façon à atteindre le chemin qui conduisait de La Châtre à Sussy, et qui serpentait, on le sait, à travers les bois.

Ils ne tardèrent point à le joindre, et ils hâtèrent le pas autant que possible. Mais mademoiselle de Thiphaine avait trop présumé de sa force en supposant qu'elle arriverait sans peine au château de Sussy. Les émotions de la soirée précédente l'avaient épuisée.

Peu à peu ses pas chancelants devinrent incertains et inégaux. Elle fut obligée de se suspendre, pour ainsi dire, au bras du prince pour ne pas tomber.

Enfin, la force l'abandonna tout à fait. Il restait encore environ une demi-lieue à faire, et le jour commençait à poindre. Jean de Courtenay la souleva dans ses bras, et il arriva au château chargé de ce fardeau charmant.

Ange fut remise aux mains de femmes, qui la déshabillèrent et la mirent au lit sans retard.

Une fièvre ardente, accompagnée de délire, se déclara presque aussitôt.

## XXX

#### UNE PLAINTE AU CRIMINEL

Nous devons à nos lecteurs une explication, — à peu près inutile, ce nous semble, et à laquelle leur intelligence suppléerait facilement; — mais, enfin, nous la devons, et nous allons la donner en quelques lignes.

La pièce dans laquelle le comte de Pessac avait introduit ses deux complices, lors de leur arrivée au château, était une sorte de petit cabinet, sombre et sans issue, dans lequel on ne pénétrait que rarement, et qui se trouvait au-dessous de la chambre d'Ange de Thiphaine.

Par une particularité digne de remarque, mais qui se rencontre assez fréquemment dans les constructions anciennes, un conduit acoustique, qui ne devait son existence qu'au hasard, transmettait avec une admirable fidélité, à l'étage supérieur, le son de toutes les paroles prononcées dans ce cabinet. La jeune fille entendit donc, sans en perdre un seul mot et avec une indicible terreur, tous les détails de l'abominable complot tramé par son oncle et par les deux bandits,

Jacomé et Combons. Le détail relatif au vin d'Espagne, qui devait renfermer un puissant narcotique, la frappa surtout.

Son parti fut pris aussitôt. Elle résolut de sauver, — au péril de sa propre vie, — le prince de Courtenay.

Mais comment ?

— Dieu m'inspirera !... — pensa-t-elle.

Ange de Thiphaine, élevée depuis son enfance au château de Pessac, où elle menait l'existence la plus solitaire et la plus triste, avait exploré mille fois tous les recoins de l'antique demeure.

Un jour, — elle avait dix ou douze ans, tout au plus, — le hasard, ce grand meneur des destinées humaines, lui fit découvrir, dans les ruines de la partie abandonnée du manoir, l'issue d'un passage ignoré de tout le monde.

Avec une audace singulière, Ange s'aventura dans cette voie mystérieuse, et ne tarda point à se convaincre, non sans surprise, que d'étroits couloirs régnaient dans l'épaisseur de toutes les murailles, et que certaines pièces, entre autres la chambre rouge, communiquaient avec ces couloirs par des panneaux mobiles ou par des trappes, dont le secret ne lui échappa pas.

L'un des caractères distinctifs de la nature sérieuse et un peu concentrée de mademoiselle de Thiphaine, était une extrême discrétion et une réserve bien rare à son âge. Elle garda pour elle sa découverte, et n'en dit pas un mot à qui que ce fût au monde. Combien ne s'applaudit-elle point de ce silence instinctif, le soir où elle comprit qu'elle allait, — grâce au secret connu d'elle seul, — sauver le prince de Courtenay !

— Dieu m'inspirera ! — avait-elle dit.

Dieu lui inspira d'aller trouver le prince dans la chambre rouge, en se servant du couloir mystérieux, et de le mettre sur ses gardes, en lui révélant ce qui se passait.

Mais il était trop tard.

Au moment où elle allait sortir de la chambre pour accomplir sa résolution, M. de Pessac la vint quérir et lui donna *l'ordre* de descendre à l'instant même, pour présider aux apprêts du souper.

Ange n'eut donc que le temps de cacher de son mieux à son oncle le trouble et l'émotion qui la dominaient.

Il fallait obéir, car le comte était un maître dur et absolu pour sa nièce, et ne la traitait avec une apparente bienveillance que devant les étrangers.

Ange se promit de saisir la première occasion qui se présenterait d'avertir le prince du danger suspendu sur sa tête.

Nous savons comment elle se tint parole.

Cette fièvre ardente qui s'était emparée du corps brisé de mademoiselle de Thiphaine, ce délire, qui troublait son imagination trop violemment bouleversée, durèrent trois jours.

Durant ces trois jours, Jean de Courtenay souffrit, certes, plus que la jeune fille.

D'heure en heure, — de minute en minute, — augmentaient ses anxiétés, ses angoisses.

Il ne pénétrait point dans la chambre de la malade, mais il restait, jour et nuit, dans la pièce qui précédait cette chambre, afin de pouvoir interroger sans cesse les femmes et les médecins.

Il ne se souvenait pas d'avoir éprouvé, depuis qu'il était au monde, des émotions aussi cruelles et aussi poignantes.

Enfin, dans la nuit du troisième ou quatrième jour, le délire céda, puis la fièvre. Ange était sauvée !

Quand le prince apprit cette nouvelle, il courut à la chapelle du château, et là, — lui qui, sans être un impie, était bien loin d'être pieux, — il pria pendant quelques instants avec une ardeur qui dut être agréable à Dieu.

La convalescence de la jeune fille commença.

Au bout de deux jours, elle put s'habiller et recevoir Jean de Courtenay, qu'elle n'avait point revu depuis la nuit où il avait été si miraculeusement sauvé par elle.

Dans cette entrevue, Ange lui demanda deux choses. D'abord, de ne point tarder à la faire conduire, ainsi qu'il le lui avait promis, au couvent des Augustines. Ensuite, d'abandonner tout projet de vengeance, s'il en avait conçu, et de ne point rechercher judiciairement le comte de Pessac, au sujet de la tentative de vol et d'assassinat.

Le prince n'avait pas de plus cher désir que celui d'obéir en toutes choses à mademoiselle de Thiphaine ; — il promit tout ce qu'elle voulut ; — seulement, il lui représenta qu'elle était encore beaucoup trop faible pour pouvoir se rendre sans retard au couvent.

La jeune fille en convint, — et consentit de bonne grâce à passer quelques jours de plus au château.

Jean de Courtenay faillit en devenir fou de joie.

Sur ces entrefaites, arriva à Sussy la nouvelle la plus étrange, — la plus inouïe, — la plus invraisemblable !

Il s'agissait d'un acte de si incompréhensible démence, que le prince refusa tout d'abord d'y ajouter foi !...

Cependant il devint bientôt impossible de douter.

Le comte de Pessac venait de déposer, entre les mains de MM. du parlement de Bourges, une plainte au criminel contre le prince Jean de Courtenay, accusé par lui de rapt de mineure.

Cette plainte perdait de réputation Ange de Thiphaine, car l'infâme gentilhomme affirmait sous serment que sa nièce était grosse des œuvres de M. de Courtenay.

Cette plainte monstrueuse, — ce monument d'impudente audace, — s'explique facilement.

Le comte de Pessac, — furieux de la fuite de celui qu'il voulait assassiner, — furieux de la perte d'une grosse somme qu'il regardait déjà comme lui appartenant, — furieux de ce qu'il appelait la trahison de sa nièce, — sachant d'ailleurs qu'aucune preuve n'existait contre lui, puisque le crime, jusque-là seulement en projet, n'avait en réalité point été commis, — craignit une dénonciation du prince et jugea prudent de la prévenir par une accusation calomnieuse.

Mais, en cela, il dépassa le but qu'il croyait atteindre.

M. de Courtenay avait juré à la jeune fille de ne point rechercher judiciairement son oncle.

L'attaque insensée de ce dernier le relevait de son serment.

Il conduisit Ange à Bourges, — il la remit lui-même aux mains de la noble supérieure du couvent des Augustines.

Puis il se présenta devant les juges et mit sous

leurs yeux tous les faits que nous venons de retracer.

La vérité était évidente, — palpable, — lumineuse.

Le comte de Pessac et ses deux complices furent à l'instant même décrétés de prise de corps.

On instruisit leur procès dans les formes, et ces misérables furent, tout d'une voix, condamnés à la peine de mort.

Par l'influence de M. de Courtenay, il y eut commutation de peine en faveur de l'oncle de mademoiselle de Thiphaine.

On lui fit grâce de la vie, et, — muni d'une somme qui provenait de la libéralité du prince, — il put passer en Amérique. Quant à Combons et Jacomé, l'usurier, — on les pendit l'un et l'autre haut et court, — et ce faisant, on fit justice !...

Cependant Ange de Thiphaine n'en restait pas moins déshonorée par les infâmes allégations du comte de Pessac.

Sur la réputation d'une jeune fille, aucune tache ne s'efface, même celles qu'a produites la calomnie la plus éhontée.

La pauvre enfant, — victime de son courageux dévouement, — n'avait d'autre avenir que de se consacrer à Dieu et de prendre le voile dans la maison des Augustines, s'il ne se présentait pas un honnête homme qui la vînt laver de tout soupçon injurieux, en lui donnant sa main et son nom.

Cet honnête homme se présenta.

Ce fut le prince Jean de Courtenay.

Il ne faisait qu'acquitter une dette de reconnaissance, mais il l'acquittait de tout son cœur et de toute son âme, car il aimait Ange éperdument, et, depuis qu'il avait vu la jeune fille pour la première fois, ses idées au sujet du mariage avaient bien changé.

Ange, de son côté, malgré la grande différence de l'âge, donnait sa vie avec bonheur à celui pour qui elle avait été véritablement un ange gardien.

Bref, le mariage de Jean de Courtenay avec mademoiselle de Thiphaine fut célébré, en présence de l'élite de la noblesse du Berry, par monseigneur l'évêque de Bourges, dans la chapelle du palais épiscopal.

# XXXI

### LES BOHÉMIENS

Le duc de B... — ce grand seigneur qui, nous le savons, comptait pour lui et pour les siens sur l'héritage de Jean de Courtenay son parent, n'apprit point sans désappointement et sans colère le mariage de ce dernier.

Il fit cependant contre mauvaise fortune bon cœur, et, comme il était homme de cour et que, pour rien au monde, il ne se serait écarté de la ligne des strictes convenances, il répondit à la lettre de faire part de Jean de Courtenay par une lettre dans laquelle il le complimentait chaudement au sujet de son mariage.

— Peut-être n'aura-t-il pas d'enfant.., — se disait-il à part lui, — et alors, il n'y aurait que demi-mal.

Mais l'espoir du duc de B... ne devait point se réaliser. Après une année de la plus heureuse union, Ange de Thiphaine, princesse de Courtenay, mit au monde un fils.

Ce fut pour son mari une grande joie, suivie presque aussitôt d'une immense douleur.

Une fièvre de lait, qui se déclara après l'accouchement, emporta la jeune mère en quelques jours.

Jean de Courtenay, inconsolable, jura de ne se jamais remarier et de ne vivre que pour son enfant, qui reçut au baptême le nom de Pierre, nom historique dans la famille des Courtenay.

Le prince tint parole.

L'ordre d'exil, rendu contre lui, avait été rapporté, il était libre de revenir à Paris et de reparaître à la cour. Il refusa de le faire, et préféra rester dans ses domaines du Berry, afin de pouvoir s'y consacrer tout entier à l'éducation de son fils.

Trois ans s'écoulèrent.

L'enfant croissait en grâce et en beauté. Il avait les traits charmants et la douce pâleur de sa mère.

Le prince Jean l'idolâtrait, et présageait que le vieil arbre héraldique des Courtenay allait refleurir, plus brillant que jamais, dans ce nouveau rejeton.

Un jour, une compagnie de ces bohémiens nomades qui parcouraient les provinces et vivaient du produit d'étranges industries, telle que de dire la bonne aventure, de vendre aux garçons des talismans pour se faire aimer des filles, et aux filles des philtres pour rendre les garçons fidèles, vint établir son campement dans une clairière des bois de Sussy, à une très petite distance du château.

Ces mécréants avaient passé près de deux semaines aux portes de Bourges, — fort consultés par les maris jaloux et par les amoureux timides. Ils n'eurent pas plus tôt installé leurs tentes dans l'endroit que nous venons d'indiquer, que toute la population des domestiques du château et des bûcherons de la forêt accourut autour d'eux. Gentilles charbonnières, — femmes de chambre coquettes et galants valets de pied, les consultèrent à qui mieux mieux.

Pendant toute la journée, le campement des bohémiens fut entouré de nombreux visiteurs.

Un épisode, — tout à la fois burlesque et dramatique, — intéressa vivement les curieux.

La tribu errante se composait de dix-neuf personnes, hommes, femmes et enfants.

Une querelle survint entre deux femmes qui se prirent aux cheveux, après avoir échangé force injures dans un vocabulaire inconnu. Ce grotesque pugilat faillit se terminer, — du moins en apparence, — par une effusion de sang. Les maris des combattantes intervinrent et, ne pouvant tomber d'accord, firent briller en plein soleil les lames de leurs longs couteaux moresques.

On les sépara non sans peine.

Sans doute le fait était grave, car tout le reste de la troupe s'érigea aussitôt en tribunal, pour juger les coupables et pour punir ceux auxquels seraient attribués les premiers torts.

A la suite de ce jugement, un des zingaris, sa femme et leur petite fille, furent solennellement bannis de la tribu avec les cérémonies étranges usitées en pareil cas parmi les bohêmes. Le couple, ainsi chassé en présence de nombreux spectateurs, s'éloigna en pleurant et s'enfonça dans la forêt.

Le soir de ce même jour, le jeune Pierre de Courtenay disparut.

L'enfant avait été volé dans une des salles du château, où il dormait, et dont la fenêtre était restée ouverte.

Le prince, désespéré, mit en campagne les agents les plus habiles et promit des sommes énormes à qui lui donnerait des nouvelles de son fils bien-aimé.

Tout fut inutile. Les traces de l'enfant et de ses ravisseurs étaient perdues et bien perdues. Aucune lumière ne parvint au prince sur le sort de son enfant chéri.

La province entière se souleva contre les bohémiens qu'elle accusait de ce vol abominable. Ils furent arrêtés et conduits à Bourges. Là ils protestèrent de leur innocence, ils affirmèrent que les vrais coupables devaient être l'homme, la femme et la petite fille bannis par eux de la tribu, avec éclat et devant de nombreux témoins, — trio devenu soudainement invisible et introuvable.

En l'absence de toute présomption, même légère, on dut mettre en liberté la horde nomade. Les bohémiens séjournèrent encore, pendant environ deux mois, dans diverses localités du Berry, puis ils se dirigèrent vers le midi de la France.

Un an après, un prêtre de Bourges, qui avait été en cour de Rome pour la permutation d'un bénéfice, raconta que dans la campagne, non loin de Sienne, il avait remarqué et reconnu cette même troupe de zingaris sur laquelle s'était fixée l'attention générale aux environs de Bourges.

Il ajouta, — et ceci donna beaucoup à penser, — que leur duc et leur duchesse actuels étaient précisément cet homme et cette femme qu'ils avaient d'abord si solennellement chassés, et accusés ensuite avec tant d'obstination.

Tout ce qui s'était passé n'avait donc été, vraisemb'ablement, qu'une comédie concertée à l'avance, une adroite fourberie, pour détourner sur deux seules têtes les soupçons du rapt dont la tribu entière se serait rendue coupable.

Jean de Courtenay, instruit de cette particularité, envoya aussitôt des gens de confiance en Italie afin d'y rejoindre et d'y interroger de nouveau les bohêmes. Mais il fut absolument impossible de les rejoindre, et la dernière espérance du prince s'évanouit encore.

Brisé par des chocs successifs et trop violents, — rongé par le chagrin et l'ennui, Jean de Courtenay se voyait lentement dépérir et s'abandonnait à une sombre misanthropie. Il songeait, — assurait-on, — à entrer en religion et à léguer tous ses biens à un couvent. — Ce bruit parvint jusqu'à Paris.

Sur ces entrefaites, arriva au château de Sussy le duc de B... en personne.

Il avait appris, — disait-il, — quoique bien tardivement, le dernier malheur arrivé à son cher parent...
— il venait lui prodiguer les consolations de la plus tendre amitié, et il allait l'emmener à Paris, où, du moins, les distractions ne lui manqueraient pas.

Le prince n'avait plus de force, — même pour la résistance. — Il suivit le duc.

Ce dernier le réinstalla dans son hôtel de la rue Payenne, — prit soin de lui remonter sa maison, et ne le quitta, pendant quelque temps, pas plus que son ombre.

Les projets de M. de B... étaient simples. Il voulait inoculer de nouveau dans l'âme de son parent les goûts et les instincts de sa nature autrefois dissolue.

Il y parvint.

Jean de Courtenay ne chercha d'abord, dans les orgies auxquelles son parent le contraignait en quelque sorte d'assister, qu'un moment de trêve ou d'oubli pour ses douleurs et pour ses regrets. Mais, bientôt, il se reprit à aimer l'orgie pour elle-même et la débauche pour la débauche. Alors, il s'y vautra tout entier, — corps et âme, — sans modération et sans pudeur, — jusqu'à l'ivresse et jusqu'à l'impuissance. Il oubliait, — il se trouvait heureux.

Le duc de B... souriait à son œuvre et s'applaudissait du succès si complet de sa machination infernale.

Au milieu de cette joie d'héritier futur, la mort le frappa.

Il mourut, laissant plein de vie, — sinon de santé, — celui dont il convoitait l'héritage.

— Ma foi, j'en suis fâché !... — dit Jean de Courtenay, à qui l'on annonça cette nouvelle entre des filles d'Opéra et des bouteilles de vin de Champagne, les unes et les autres décoiffées et frappées de glace, j'en suis vraiment fâché !... — c'était un bon parent et un galant cavalier que ce pauvre duc !... donnons à sa mémoire une ou deux larmes... et buvons !...

Ce fut là toute l'oraison funèbre de M. de B... et, franchement, il ne méritait même pas celle-là.

Les années s'écoulèrent.

Le prince de Courtenay était arrivé par les excès à l'épuisement le plus absolu.

Dans son corps affaibli il ne survivait rien de cette vigueur reconquise sous les ombrages séculaires des belles forêts du Berry. Pour tout dire en deux mots, le vieux gentilhomme ne pouvait plus être libertin que par la pensée et par le désir, — ses passions sensuelles couvaient toujours sous la cendre, — mais sans que la moindre flamme en jaillît, — l'huile manquait à la lampe pour jeter une clarté, même passagère.

Ceci n'empêchait point Jean de Courtenay de prodiguer l'or aux impures à la mode.

Ces dames acceptaient sans conteste, — mais elles disaient, à qui voulait l'entendre, et avec quels sourires ! et avec quel accent ! — qu'elles volaient son argent au prince, et que leurs fonctions auprès de lui étaient des *sinécures*, où la plus jolie femme du monde ne gagnerait pas ses honoraires...

Ce n'est pas sans raison, — croyez-le bien, — que nous insistons ainsi sur des détails qui, peut-être, paraissent à nos lecteurs, et surtout à nos lectrices, complétement inutiles, — pour ne pas dire plus. C'est que là, est la clef d'une énigme dont nous saurons, ou, du moins, dont nous ne pourrons deviner et indiquer le mot que plus tard.

Au moment où nous allons retrouver le vieux seigneur, il y avait treize ans, jour pour jour, que la pauvre Ange de Thiphaine, princesse de Courtenay, était morte.

## XXXII

### ZISKA

Il était deux heures de l'après-midi.

Le prince avait passé la nuit précédente tout entière dans un souper, ou plutôt dans une orgie, il ne s'était couché qu'au point du jour, et, après s'être levé à midi, il sommeillait dans un large fauteuil au coin du feu de la chambre à coucher de son hôtel de la rue Payenne.

Si quelques-uns des vassaux et des tenanciers de la terre de Sussy avaient pu voir leur seigneur en ce moment, ils ne l'auraient pas reconnu, tant il était changé depuis son départ du Berry.

Ce n'était plus Jean de Courtenay, le vigoureux et hardi veneur, faisant retentir les forêts de ses hallalis victorieux.

C'était un vieillard décrépit et morose, l'œil terne, la lèvre pendante, les joues flasques, le front sillonné de rides profondes, qui ne disparaissaient qu'à grand'peine sous les cosmétiques et sous le fard.

Germain, le premier valet de chambre du prince, entra, sur la pointe du pied, sans avoir été appelé.

M. de Courtenay, nous l'avons dit, ne dormait pas, il sommeillait.

Au bruit, si léger qu'il fût, des pas du valet de chambre sur le tapis moelleux, il releva la tête, et il demanda :

— Eh bien ! qu'est-ce, Germain ? — Qu'y a-t-il ?...

— Monseigneur, — répondit le valet de chambre, — il y a là deux personnes qui sollicitent l'honneur d'être introduites devant monseigneur...

— Je ne reçois point ce matin... — N'as-tu donc pas répondu cela ?

— Pardon, monseigneur...

— Eh bien ?

— L'une de ces personnes insiste, et elle affirme qu'elle possède un secret qui intéresse monseigneur au plus haut point, et qu'il importe que ce secret lui soit révélé sans retard...

— Un secret, dis-tu, Germain ?

— Oui, monseigneur, un secret de haute importance.

— Et, quelles sont ces personnes ?

— Une jeune fille, de la plus grande beauté, vêtue d'un costume singulier, et un enfant... un petit garçon...

— Et, cette jeune fille est jolie ?

— Admirable, monseigneur.

Une étincelle de lubricité éclaira les prunelles atones du vieux seigneur.

— Allons, Germain, — dit-il, — introduis cette jeune fille... Pour arriver auprès de moi la beauté est le meilleur de tous les sauf-conduits...

Le valet de chambre sortit, et revint au bout d'un instant conduisant les deux visiteurs.

— Voilà monseigneur le prince de Courtenay, mademoiselle... — dit-il à demi-voix.

Puis il se retira discrètement.

Le prince se retourna, et jeta un regard sur la nouvelle venue.

C'était une jeune fille de dix-huit ou vingt ans, tout au plus, et d'une merveilleuse pureté de traits et de formes.

Sa pâleur cuivrée, ses grands yeux noirs, d'un éclat presque insoutenable, et, mieux encore, l'étrangeté de sa mise, indiquaient son origine orientale. Son vêtement était celui des tribus bohémiennes, — mais plus riche, — et des grappes de sequins s'entrelaçaient dans les nattes de ses cheveux noirs et brillants, d'une prodigieuse longueur.

L'enfant qui l'accompagnait était vêtu très simplement, Jean de Courtenay ne fit aucune attention à lui.

La jeune fille salua le vieillard à la manière asiatique, en croisant les deux bras sur sa poitrine et en inclinant doucement la tête. Le prince lui rendit son salut avec cette courtoisie dont il ne se départait jamais vis-à-vis des femmes, — quelles qu'elles fussent.

— Mademoiselle, — lui dit-il ensuite, — que souhaitez-vous de moi, et que puis-je faire qui soit agréable à une aussi charmante personne ?...

— Rien, monseigneur... — répondit la bohémienne d'une voix un peu gutturale.

— Comment, rien ? — s'écria le prince.

— Pour moi, vous ne pouvez rien, monseigneur...
— et, pour vous, moi, je peux beaucoup...

Un sourire d'incrédulité railleuse vint aux lèvres de Jean de Courtenay.

— Je ne vous comprends pas parfaitement, mademoiselle, — dit-il ensuite.

— Je vais m'expliquer, monseigneur, et, quand je l'aurai fait, jusqu'au dernier des jours qui vous restent à vivre, vous bénirez le nom de Ziska !...

— Ziska, c'est vous, mademoiselle ?

— Oui, monseignuer.

— Alors, mademoiselle Ziska, j'attends.

La jeune fille prit par la main l'enfant qui l'accompagnait, et le fit avancer jusqu'à deux ou trois pas du prince, puis, le plaçant de façon à ce que la lumière, qui venait de deux larges fenêtres, éclairât vigoureusement son visage, elle reprit : — Monseigneur, regardez cet enfant.

Le prince obéit machinalement et attacha sur le petit garçon un regard, vague d'abord et incertain, puis, bientôt, ému et profond.

Dans les traits si pâles et si doux qui s'offraient à sa vue, il retrouvait la vivante image de la chaste beauté d'Ange de Thiphaine.

Jean de Courtenay se souleva à demi, et murmura d'une voix étouffée : — Cet enfant !... Quel est cet enfant ?...

— Votre fils que je vous ramène, répondit Ziska avec une sublime simplicité.

Le prince retomba en arrière, anéanti par l'émotion.

Pendant quelques secondes, il ne put prononcer aucune parole.

Enfin la force lui revint, une flamme vive s'alluma

dans ses yeux ternis, un rayon d'indicible joie passa sur son visage ravagé, il ouvrit les bras comme pour presser son enfant sur son cœur, mais, avant d'achever ce mouvement, il s'arrêta, retenu par une subite défiance, et il s'écria : — La preuve !... — Avez-vous une preuve de ce que vous dites ?...

— J'en ai plus d'une, monseigneur...

— Parlez !... parlez...

— Cet enfant vous fut ravi, il y a neuf ans, dans la province du Berry, et près de votre château de Sussy...

— C'est vrai... — Quels furent les ravisseurs ?...

— Mon père et ma mère, monseigneur... — et ils se sont repentis à leur lit de mort.

— Mais qui les avait poussés à ce crime abominable ?..

— L'intérêt...

— Comment cela ?...

— Un de vos parents, qui voulait hériter de toute votre fortune, leur avait donné une somme considérable pour les engager à faire disparaître votre fils...

— Et, ce parent, quel était-il ?

— Le duc de B...

— Est-ce possible ?...

— Non seulement possible, mais certain, et de cela aussi j'ai la preuve, monseigneur...

— Voyons ces preuves...

— Voici, d'abord, le témoignage unanime et collectif de toute ma tribu... — Voici un acte authentique et irrécusable rédigé à Venise par un membre du *Conseil des Dix*, deux *procurateurs* de Saint-Marc, deux *avagadors* des *garanties civiles et criminelles*, et le chancelier de la sérénissime république, envoyés au lit de mort de mes parents, comme témoins et tabellion, pour recevoir leur déposition... — Cet acte fut fait en double, et j'en mets sous vos yeux, monseigneur, une copie certifiée... — Voici, enfin, deux lettres écrites à mon père par votre parent, le duc de B..., lettres dans lesquelles il lui donne des ordres relatifs à l'enlèvement de votre enfant... — Lisez, monseigneur, examinez, jugez, et ensuite, si vous le pouvez, doutez encore !

Ainsi parla Ziska.

Le doute, en effet, n'était plus possible.

Jean de Courtenay put appuyer contre son cœur et couvrir de ses baisers et de ses larmes de joie ce fils qu'il avait tant pleuré, ce fils que Dieu lui rendait, en se servant de la jeune bohémienne comme d'un instrument docile.

Pierre de Courtenay, l'enfant volé par les zingaris, venait de retrouver un père, — un nom, — une haute position sociale, — une immense fortune !...

Qui n'aurait cru, alors, que cet enfant était né sous une étoile bienveillante et protectrice ?

Hélas ! il n'en était rien !...

Le prince voulut récompenser splendidement Ziska.

La jeune fille n'accepta rien ; elle embrassa Pierre en fondant en larmes, car elle avait conçu pour lui toute la tendresse d'une sœur, puis elle retourna rejoindre sa tribu nomade dans quelques contrée lointaine.

Jean de Courtenay sembla d'abord avoir retrouvé pour son fils toute son affection d'autrefois, et, pendant quelque temps, la présence de ce cher enfant dans l'hôtel apporta un grand changement dans les habitudes désordonnées du maître du logis. Malheureusement, la gangrène inoculée par le duc de B... dans l'âme du prince, était de celles qui ne se peuvent plus guérir, surtout chez un vieillard. Peu à peu Jean de Courtenay reprit ses goûts de débauche et ses habitudes dépravées.

En même temps que la marée montante de cette lèpre morale l'envahissait de nouveau, son attachement paternel pour son enfant faisait place à une indifférence de plus en plus complète.

Bientôt Pierre ne tint aucune place dans la vie et dans la pensée de son père, qui ne le voyait presque jamais.

Ce n'est pas que le jeune homme manquât de quelque chose, — au contraire. Il était entouré d'un nombreux domestique, et des professeurs de tout genre ne négligeaient rien pour que son éducation fût aussi complète que brillante.

Pierre, en atteignant l'âge où l'enfance finit pour faire place à l'adolescence, était un chevalier accompli.

Tout le monde s'en apercevait, excepté son père, et rien au monde ne semblait plus douloureux au jeune homme que la froideur que lui témoignait le prince.

Durant les trois dernières années de la vie de ce dernier, le père et le fils, quoique habitant le même hôtel, ne se parlèrent pas dix fois par an.

Il est vrai que, pendant des mois entiers, Jean de Courtenay ne faisait, rue Payenne, que de rares et courtes apparitions.

Enfin le prince mourut.

On s'attendait à trouver, non pas une opulence princière, mais une belle fortune. Cette attente fut complétement déçue.

Ainsi que nous l'avons appris déjà par une conversation du marquis de Louvois et du comte de La Châtre, les domaines avaient été vendus sous main et mystérieusement, — l'hôtel était grevé d'hypothèques qui absorbaient sa valeur, et au delà. Il ne restait à Pierre de Courtenay que quelques meubles, ses effets personnels, trois chevaux, des livres, et une certaine quantité de bijoux assez beaux.

Le jeune prince vendit tout cela, et, s'armant d'un courage stoïque, il résolut de vivre avec les débris de cette opulence disparue. Pas une plainte, pas un murmure ne s'échappèrent de ses lèvres, seulement une mélancolie profonde et qui semblait incurable s'empara de lui et ne le quitta plus.

## XXXIII

### MARCEL

Nos lecteurs se souviennent sans doute que nous avons laissé Nanette Lollier tout en larmes, dans le petit boudoir de son appartement de la rue Saint-Honoré.

Peu à peu, cependant, — disions-nous, — cette émotion douloureuse s'usa, en raison même de sa violence. Les larmes devinrent plus rares, et coulèrent une à une, perles liquides, sur le satin animé de sa peau. Les battements de son cœur soulevèrent moins impétueusement son beau sein.

Enfin, de même qu'après un orage, un coin de ciel bleu se montre à travers les nuages déchirés et promet le retour du beau temps, — de même, un rayon échappé des prunelles noyées encore de Nanette, annonça que le calme se ferait bientôt dans son âme.

D'où provenait cette crise de désespoir ?

Comment se faisait-il que Nanette, maîtresse d'elle-même aussi longtemps que messieurs de Louvois et de La Châtre parlèrent du jeune seigneur auquel elle avait donné son cœur, mais sans prononcer son nom, eût été en quelque sorte foudroyée par une émotion toute-puissante, aussitôt qu'elle avait appris que cet inconnu se nommait Pierre de Courtenay? Quelle mystérieuse influence ce nom de Courtenay pouvait-il donc exercer sur Nanette la bouquetière?

Voilà ce que nous ignorons, quant à présent, mais ce que nous saurons peut-être plus tard.

Toujours est-il que, peu à peu, le violent chagrin de Nanette dégénéra en une rêverie, qui, — pour être peut-être un peu triste, — ne manquait cependant point de douceur.

Cette rêverie fut interrompue brusquement et d'une façon à laquelle la jeune fille s'attendait si peu qu'elle jeta un cri.

C'est qu'un beau jeune homme, entré furtivement dans le boudoir et qui s'était approché de Nanette assez doucement pour ne point éveiller son attention, venait de déposer un baiser sur la main blanche et effilée qui soutenait une tête charmante.

Nanette, irritée autant que surprise, se retourna vivement.

Mais un tendre sourire fit place aussitôt à la stupeur impatiente, et elle tendit la main au téméraire, qui n'était autre que son frère Marcel, celui qui lui ressemblait tellement qu'habillés de la même façon on aurait pu les prendre l'un pour l'autre.

Nous avons dit que ce jeune homme était entré chez M. Panckoucke, l'éditeur de l'Encyclopédie. Là, il voyait fréquemment les littérateurs de l'époque, et, dans le commerce de ces beaux esprits, il avait pris des manières si polies et si agréables, qu'il paraissait bien plutôt un jeune homme de la caste aristocratique qu'un simple apprenti imprimeur. En outre, son intelligence, naturellement développée s'était formée et agrandie par les conversations d'une société lettrée et par la lecture assidue des classiques.

De tous les enfants d'André Lollier et de Marie-Jeanne, c'étaient Marcel et Nanette qui se sentaient attirés l'un vers l'autre par les liens d'une plus tendre affection.

— Ils auraient dû naître jumeaux ! — s'écriait quelquefois la bonne mère Lollier, — ils s'aiment tant et ils se ressemblent si fort !...

— Mon bon Marcel, dit Nanette en souriant, — sais-tu bien que tu m'as fait grand'peur.

— Moi, chère petite sœur !... et pourquoi ?

— Dame !... ce baiser...

— Un baiser n'a rien d'effrayant !...

— J'en conviens, — mais je ne savais pas que ce fût toi...

— Tu devais t'en douter...

— Mon Dieu, non... — au contraire...

— Au contraire !...

— Oui.

— Et, pourquoi ?

— Les frères, d'habitude, ne baisent guère la main de leurs sœurs... ils gardent cette galanterie pour leurs fiancées.

— Je n'aurai jamais de fiancée qui ait d'aussi jolis doigts que ceux de ma petite sœur Nanette...

— Flatteur !...

— Allons, allons, Nanette, ne sois pas modeste comme la violette... une fleur charmante, j'en conviens, mais moins humble qu'on ne le pense, car, si elle prend soin de se cacher, elle trahit sa présence par son parfum...

— Et tu trouves que je lui ressemble ? — dit la jeune fille en riant.

— Sans doute, répondit Marcel du même ton, — à cela près, cependant, que tu ne te caches pas...

— Cela me serait difficile.

— Je le crois bien !... — Figure-toi, petite sœur, que si tu disparaissais tout à coup, il y aurait un véritable tumulte dans Paris...

— A mon sujet !

— Oui, certes, à ton sujet !

— Tu plaisantes ?

— En aucune façon. — On ne s'occupe que de toi, — on ne pense qu'à toi, on ne parle que de toi... jusque chez les encyclopédistes...

— Va-t-on m'imprimer toute vive, par hasard ? — demanda Nanette avec un sourire.

— Ma foi, je ne dirais pas non ! Figure-toi que, ce matin, j'ai assisté, à ton sujet, au débat le plus original...

— Ah ! vraiment ? — et où donc cela ?...

— C'était chez M. Diderot, — répondit Marcel avec un indicible sentiment d'orgueil.

— Ah ! tu vas chez M. Diderot ?

— Sans doute, — il me reçoit même avec la plus grande bonté, — quoiqu'il ignore que je sois ton frère, — ce qui serait un titre...

— Enfin ?

— Bref, je lui portais de la copie qu'il avait redemandée pour une correction... il avait dans son salon une quantité de gens de lettres et de grands seigneurs... — c'étaient le comte de Lauraguais... le connais-tu?...

— Que trop ! — il m'a poursuivie de ses fades et insupportables adulations pendant quinze jours...

— Ah ! ah !... eh bien ! ce que tu me dis ne m'étonne point !

— Pourquoi?

— Tu le verras tout à l'heure. Je reprends : il y avait encore le duc de Nivernais, M. de Marmontel, M. le baron d'Holbach... les connais-tu?

— A peu près tous.

— Et enfin, — poursuivit Marcel avec enthousiasme, — et enfin, le beau, le charmant, l'excellent prince de Courtenay... un jeune homme que j'aime de toute mon âme, par exemple, et pour qui je donnerais mon sang .. — le connais-tu aussi, celui-là ?

Nanette appuya la main sur son cœur, pour en comprimer les battements impétueux. Après une ou deux secondes de silence, elle balbutia d'une voix tremblante :

— Oui... oui... je le connais aussi... continue...

Marcel ne se fit pas prier.

— Quand j'arrivai, — dit-il, — on parlait de Nanette, de *Nanette la belle bouquetière*, de Nanette, *la Perle du Palais-Royal*... Les amis de M. Diderot me prenaient tout simplement pour le *singe* de notre imprimerie, et ne se gênèrent point pour continuer devant moi l'entretien commencé... — C'est le comte de Lauraguais qui parlait, — et, je dois l'avouer, il t'attaquait avec plus de méchanceté que d'esprit. — Ma foi, non, messieurs, — disait-il, — je ne crois point à la vertu de Nanette la bouquetière, elle est trop jolie pour être sage ; elle a eu des amants, elle en a, elle en aura, chacun le dit, chacun le croit, et je fais comme tout le monde.

— Quelle horreur ! — s'écria Nanette, — un gentilhomme calomnier une pauvre fille, parce qu'elle n'a pas voulu l'écouter !... ah ! c'est bien mal ! ah ! c'est bien lâche !...

— Attends... attends ! — reprit Marcel, — tu vas voir... M. de Lauraguais, pendant quelques minutes, continua sur ce ton, — j'étais sur les épines, — je souffrais horriblement, je me sentais pâlir et rougir, — j'allais trahir mon incognito, prendre ta défense et dire son fait à ce vilain comte... et d'une façon assez leste, je t'en réponds, mais, heureusement, je n'eus pas besoin d'en venir là...

## XXXIV

### UN DÉFENSEUR

— Que se passa-t-il donc ? — balbutia Nanette, qui, haletante, respirant à peine, écoutait ce récit avec un intérêt et une anxiété faciles à comprendre.

— Ce qui se passa, ma sœur, — écoute. — Le comte de Lauraguais avait à peine fini de débiter ses sots et méchants propos, lorsque le prince de Courtenay, ce bon et admirable jeune homme, se leva. Il était pâle, je t'assure, encore plus pâle qu'à l'ordinaire, et ses grands yeux noirs qui sont presque aussi beaux que les tiens, lançaient des éclairs.

« — Non, monsieur le comte, — s'écria-t-il, — chacun ne dit pas, chacun ne croit pas que Nanette ait des amants, car, pour si méchant que soit le monde, il ne calomnie point la vertu la plus pure !... Comment pouvez-vous, sans rougir, répéter les contes odieux inventés par quelques libertins désœuvrés, qui se vengent sans doute ainsi des dédains de Nanette !... Laissez-leur ce triste passe-temps, monsieur ; il est indigne de vous, il est indigne de tout honnête homme !... Nanette est sage autant que belle, je le prétends, je le soutiens, et je le soutiendrai envers et contre tous !... »

— Il a dit cela ! il a dit cela !... — murmura Nanette en levant les yeux vers le ciel avec une sublime expression d'ivresse. — Oh ! noble cœur ! noble cœur !...

— J'ai retenu son discours mot par mot, — répliqua Marcel, — et je ne crois pas y changer seulement une virgule en le répétant... Ce bon prince !... ah ! ma foi, je l'aurais embrassé bien volontiers, je te jure !...

— Et le comte de Lauraguais, qu'a-t-il répondu ?

— Sa vilaine figure a pris une expression de sarcasme et d'ironie ; il a souri d'un sourire faux et méchant, et il a dit :

« — Ainsi cher prince, vous vous faites le chevalier de mademoiselle Nanette ?...

» — Oui, monsieur, — a répondu le prince.

» — Une bouquetière !...

» — Une bouquetière vaut plus qu'une duchesse, quand la bouquetière est honnête et quand la duchesse ne l'est pas !...

» — Ainsi, don Quichotte d'un nouveau genre, vous allez rompre des lances pour cette vertu plébéienne ?...

» — Je suis du moins prêt à mesurer mon épée avec celle de tous ceux qui l'attaqueraient !...

» — Vous vous fâchez, prince, donc vous avez tort...

» — Je ne me fâche pas, monsieur, je m'indigne !...

» — C'est la même chose.

» — Non pas.

» — Mais cette vertu que vous défendez, prouvez-la.

» — C'est bien facile.

» — En vérité ? Eh bien ! j'attends.

» — Ne disiez-vous pas, monsieur le comte, tout à l'heure, que chacun, dans Paris, parlait des amours de Nanette ?...

» — Je l'ai dit et je le répète.

» — Eh bien ! précisez un peu plus. Ses amants doivent être connus ; qui nomme-t-on ?...

» M. de Lauraguais baissa la tête et, après un instant d'hésitation, répondit :

» — On ne nomme personne, mais la rumeur publique... *vox populi*...

» Le prince de Courtenay interrompit le comte.

» — Assez, monsieur, — dit-il sévèrement, — vous êtes vaincu et vaincu avec vos propres armes... Si Nanette avait un amant, tout Paris, dès ce soir, saurait le nom du bienheureux ; mais jusqu'à présent, vous pouvez m'en croire, il ne se trouve dans aucune légende !...

» Puis le prince se tournant vers les assistants, ajouta :

« — Ai-je raison, messieurs ?... — Vous êtes des juges impartiaux autant qu'éclairés, je m'en rapporte à vous...

» — Oui, prince, dix fois raison ! — s'écrièrent le baron d'Holbach, le duc de Nivernais et M. de Marmontel.

» M. Diderot, lui, ne répondit qu'en prenant la main du prince et qu'en la serrant...

» — Mais cela voulait tout dire, n'est-ce pas, ma petite sœur ?... »

Cette question de Marcel n'obtint pas de réponse. Nanette pleurait.

Mais comme ces larmes étaient douces! comme elles s'échappaient délicieusement de son cœur rempli d'une ardente joie !... Au sourire qui resplendissait sur l'adorable visage de sa sœur chérie, Marcel comprit que, malgré ses larmes, elle n'avait pas besoin d'être consolée, et il poursuivit :

— Quant à M. de Lauraguais, honteux et confus de sa défaite et de la rude leçon qu'il venait de recevoir, il n'ajouta pas un seul mot et il ne tarda pas à se retirer. Aussitôt après son départ, le prince reçut d'unanimes félicitations sur sa conduite généreuse et chevaleresque.

« — Cher prince ! — s'écria M. Diderot, — il vous a railleusement appelé *don Quichotte!* — Quel éloge!... — Don Quichotte était un fou, c'est vrai, mais quelle noble et généreuse folie que la sienne, et combien cette folie valait mieux que la froide raison de notre siècle... »

— Et que répondit M. de Courtenay à tout cela ?.. — demanda Nanette.

— Je n'en sais rien.

— Comment ?

— Non, en vérité. — M. Diderot, qui jusqu'alors n'avait pas fait attention à moi, s'aperçut de ma présence, il me prit la copie et les épreuves que j'apportais, et me congédia... Mais j'en avais entendu bien assez, et je sortis, enchanté de ce qui venait de se passer et tout joyeux de pouvoir te le redire... — T'ai-je fait plaisir, petite sœur ?...

— Mieux que cela, mon bon Marcel...

— Mieux que cela ?...

— Oui, tu m'as rendue heureuse... bien heureuse !...

— Ah ! bah ! et pourquoi ?...

Nanette hésita et rougit.

Mais Marcel, avec l'étourderie de son âge, ne s'aperçut ni de son hésitation ni de sa rougeur.

— Pourquoi ? — répondit-elle enfin, — parce que, si quelques méchants m'attaquent, j'ai pour moi tous les noble cœurs !

— Tu as bien raison ! — répliqua Marcel.

Puis il reprit avec une impitoyable naïveté :

— Quant à moi, parmi les nobles cœurs, je n'en connais pas de plus noble que celui de ce jeune prince de Courtenay...

Nanette garda le silence. Son sein trop ému battait à rompre le frêle rempart des baleines de son corset.

— Est-ce que tu n'es pas de mon avis, petite sœur ? — demanda Marcel.

— Oh ! si... — balbutia Nanette.

— Tu m'as dit, je crois, que tu connaissais le prince ?...

— Oui, en effet...

— Je comprends, tu le connais de vue... — ou tu l'auras rencontré en passant... — peut-être ne l'as-tu remarqué qu'à peine... Mais si tu le voyais de près... si tu l'entendais parler... Si tu pouvais lire dans ses yeux où se peint toute la beauté de son âme, je suis bien sûr, petite sœur, que tu l'aimerais autant que je l'aime... — Mais, mon Dieu qu'as-tu donc ?... tu pâlis...

Les joues de Nanette, en effet, devenaient blanches comme les pétales veloutés du lis.

Une trop grande émotion étouffait la pauvre enfant.

— Est-ce que tu souffres ?... — s'écria Marcel ; — veux-tu que j'appelle ma mère ou mes sœurs ?...

— Non !... non !... — répondit vivement la jeune fille, — cela va mieux, beaucoup mieux... c'est fini...

Et, en effet, elle reprenait peu à peu ses couleurs habituelles. Marcel retrouva en même temps son insouciance accoutumée.

## XXXV

### UNE MATINÉE

Nanette avait hâte de rester seule.

Elle trouva moyen d'éloigner son frère, et, aussitôt que le jeune homme se fut retiré, elle ferma au verrou la porte de son boudoir, afin d'être bien certaine que personne ne viendrait l'y surprendre.

Ensuite, se laissant tomber sur un siége, elle s'enfonça dans une méditation qui dura longtemps et qui devait être douce, à en juger du moins par l'expression du visage de la jeune fille. Cette rêverie, pourtant, eut un terme.

Nanette se leva.

Elle ouvrit un petit meuble en bois de rose, elle y prit du papier, de l'encre, des plumes, et elle se mit à écrire avec une vivacité fébrile.

Quand elle eut achevé, elle relut les lignes un peu irrégulières qui couvraient presque entièrement une grande feuille de papier. Sans doute, elle n'en fut pas satisfaite, car elle déchira cette page et en recommença une autre.

Trois fois de suite elle sacrifia de la même façon ses

essais infructueux. Enfin, la quatrième lettre lui parut de tout point convenable. Elle ne la déchira pas, et, pliant le papier en quatre, elle l'introduisit dans une large enveloppe.

Elle traça l'adresse sur cette enveloppe, puis, sans cacheter, elle remit le tout dans le petit meuble de bois de rose qu'elle referma soigneusement.

Ceci terminé, Nanette alla rejoindre sa famille, avec laquelle elle passa, comme de coutume, la soirée, et, à la voir si douce et si bonne, si gracieuse et si franchement gaie, il aurait été impossible de soupçonner les émotions violentes qui l'avaient assaillie pendant cette journée.

Le lendemain matin, vers dix heures, le prince Pierre de Courtenay était seul dans le très humble appartement qu'il occupait, rue Culture-Sainte-Catherine, hôtel de Carnavalet.

Son unique domestique introduisit auprès de son maître le comte de La Châtre.

Pierre de Courtenay tenait M. de La Châtre, en grande estime à cause de la franchise communicative de son caractère, et surtout à cause de la loyauté dont il ne se départait jamais, même au milieu des excès et des erreurs d'une vie légère et dissolue.

Après avoir échangé les premiers compliments, les deux gentilshommes s'assirent, et M. de La Châtre, non sans un embarras visible, entama l'entretien en ces termes :

— Je vais, mon cher prince, aborder avec vous un sujet d'une délicatesse infinie... — je vais marcher sur un terrain brûlant... — J'hésite... j'hésite beaucoup avant de vous apprendre le véritable motif qui m'a conduit chez vous ce matin... je voudrais être bien certain que vous ne regarderez point comme indiscrètes les paroles qui vont s'échapper de mon cœur pour s'adresser au vôtre...

— Mais, — répondit Pierre de Courtenay un peu étonné de ce début mystérieux, — s'il ne faut que cette assurance pour vous rassurer entièrement, je vous la donne bien volontiers, mon cher comte...

— Alors, j'entre en matière nettement et sans préambule...

— C'est toujours, selon moi, la meilleure manière de procéder.

— Vous vous rappelez notre rencontre d'hier matin dans le jardin du Palais-Royal?...

— Elle m'a été trop agréable pour en avoir si vite perdu le souvenir...

— Vous souvenez-vous aussi, cher prince, des quelques paroles échangées entre nous?...

— Sans doute, le marquis de Louvois et vous, vous m'engagiez à me présenter à la cour, et vous blâmiez fortement ma résolution de n'y point paraître... Est-ce ce sujet-là que nous devons encore traiter aujourd'hui?

— Précisément.

— Alors, cher comte, — dit M. de Courtenay en souriant, — il est bon de vous prévenir d'avance que ma décision est irrévocable... Renoncez donc à l'ébranler, je vous le conseille...

M. de La Châtre secoua la tête.

— C'est ici que ce que j'ai à vous proposer devient épineux... — fit-il.

— Epineux ?

— Oui, et beaucoup.

— En quoi ?

— Allons, du courage !... Je me risque... Eh bien ! cher prince, j'ai cru deviner sur quoi se basait cette irrévocable décision dont vous parlez...

Pierre de Courtenay rougit légèrement.

Le comte de La Châtre poursuivit.

— N'est-il pas vrai que, si vous refusez de paraître à la cour où votre nom et votre rang vous appellent, c'est parce que votre fortune actuelle ne vous permettrait point de le faire d'une façon digne de vous ?...

— C'est vrai, — répondit Pierre après un instant de silence, — c'est vrai, je suis pauvre, et les pauvres doivent se faire oublier... J'espère que la pitié est un sentiment que je n'inspirerai jamais !...

— Moi, — continua M. de La Châtre, — je suis riche, — trop riche même, car, au dire de tous les gens de bon sens, je fais de mes revenus un usage déplorable... — Or, j'ai une très humble requête à vous adresser...

— Laquelle, cher comte ?...

— Permettez-moi de mettre à votre disposition, — oh ! à titre de prêt, bien entendu, — telle somme qui vous sera nécessaire pour faire une brillante figure et mener un état de prince... — En repoussant cette prière, vous me désobligeriez infiniment !...

Pierre de Courtenay prit la main du comte de La Châtre, et la serra fortement à plusieurs reprises.

— Merci, — murmura-t-il avec émotion, — merci,

cher comte... vous êtes un ami... un véritable ami...
— Et, vous acceptez ?... — s'écria joyeusement le gentilhomme.
— Non. — Je refuse.
— Vous refusez?...
— Formellement.
— Et pourquoi ?
— Parce que mes principes m'interdisent d'emprunter une somme que, peut-être, je ne pourrais rendre jamais...
— Jamais ? — Mais vous n'y pensez pas !
— J'y pense, au contraire, et c'est ce qui me décide à refuser.
— Songez donc que le roi vous connaît déjà, par tout le bien qui lui a été dit à votre sujet... — songez qu'il a parlé de vous avec intérêt... qu'à peine auriez-vous paru à la cour que les grâces, les faveurs, les emplois fondraient sur vous, — que votre fortune serait faite et qu'un mariage digne de votre position vous permettrait de rendre au nom de Courtenay son antique splendeur...
— Ce mirage est séduisant, je n'en disconviens point, — répliqua Pierre, — mais, à l'avenir tel que vous venez de le peindre, je préfère, mon ami, les tristes et froides réalités du présent...
— C'est de la folie, cher prince ?
— Peut-être... — pensez que je suis fou, si vous voulez, mais dites-vous bien que cette folie n'exclut point de mon cœur la reconnaissance, et que je n'oublierai jamais l'offre généreuse que votre affection pour moi vous a dictée... — entre nous, comte, désormais, c'est à la vie et à la mort !...

— Mais, en attendant, vous refusez ?...

— Il le faut, et j'attends une nouvelle preuve de votre amitié, — c'est de ne plus revenir sur ce chapitre, car il m'en coûte beaucoup de vous résister, si fermement résolu que je sois à le faire jusqu'au bout...

— Soit, cher prince... — mais j'espérais mieux...

## XXXVI

#### UNE PARENTE INCONNUE

En ce moment, et comme s'il arrivait pour fournir une transition facile à un autre entretien, le vieux valet de chambre entra.

Sur un plat d'étain, très brillant, et qui jouait l'argent à s'y méprendre, il portait une large enveloppe, fort épaisse, qu'il présenta respectueusement au prince, en disant :

— Une lettre très pressée, qu'on vient d'apporter à l'instant même pour monseigneur...

Pierre de Courtenay prit l'enveloppe.

Elle était scellée d'un large cachet de cire rouge. — L'empreinte des armoiries paraissait avoir été effacée à dessein, tandis que la cire était encore chaude.

Pourtant il sembla au prince que, parmi ces lignes confuses, il reconnaissait les armes de sa maison.

— Vous permettez ? — demanda-t-il en s'adressant au comte de La Châtre.

— Comment donc ! — s'écria ce dernier, — mais je vous en prie !...

Pierre, fort intrigué, déchira l'enveloppe.

Un papier, plié en quatre, s'en échappa, en même temps qu'un grand nombre de *billets au porteur*, signés par MM. les fermiers généraux, et qui étaient les billets de banque de l'époque.

Le prince déploya le papier et il en parcourut vivement le contenu. A mesure qu'il lisait, un étonnement de plus en plus profond se peignait sur son visage.

Quand il eut achevé, il compta les billets de caisse.

— Etrange! — murmura-t-il, — incompréhensible!...

— Qu'est-ce donc? — demanda le comte de La Châtre, un héritage, cher prince?...

— Ecoutez, — répondit Pierre.

Et, reprenant la lettre, qu'il avait posée sur une table à côté de lui, il lut tout haut les lignes suivantes :


« Mon cher cousin,

» Je suis vieille sans enfants, et, quoique vous ne me connaissiez pas, votre proche parente.

» Je m'afflige plus que je ne saurais vous le dire de vous voir si loin de la place que vous devriez occuper et à laquelle vous donnent tant de droits votre naissance, votre figure et votre mérite... Faut-il que vous viviez à Paris, dans l'obscurité, lorsque tant de gens, de moindre qualité, font les délices de Versailles et de la cour?...

» Je ne puis souffrir, sans m'en irriter, une injustice aussi révoltante et j'y veux absolument remédier.

» Vous êtes pauvre, mon cher cousin, et moi je suis riche. — Vous êtes jeune et je suis vieille. — Mon âge m'interdit tous les plaisirs qu'on recherche au vôtre...

» Permettez-moi donc, en considération des rapports de sang qui nous unissent, de vous offrir une partie de ce qui est le superflu pour moi et de ce qui est pour vous de nécessité absolue. Ce n'est d'ailleurs, à proprement parler, qu'un avancement d'hoirie, car ma résolution bien arrêtée est de vous laisser toute ma fortune par un testament en bonne forme.

» Au premier jour de chaque mois, il vous sera remis, de ma part, une somme de quatre mille livres, et, cette fois, qui est la première, je vous envoie vingt-quatre mille livres, qui suffiront peut-être aux frais indispensables d'un établissement convenable.

» J'ai, quant à présent, mon cher cousin, des raisons majeures, de ne me point faire connaître de vous... — Ces raisons peuvent subsister longtemps, comme aussi, d'un jour à l'autre, elles peuvent cesser d'exister.

» Je vous prie donc de vouloir bien ne faire, ni faire faire aucune démarche pour pénétrer le mystère dont je juge indispensable de m'entourer. — Ceci est mon désir et ma volonté.

» Sur ce, mon cher cousin, je vous adjure de ne point douter de mes sentiments à votre égard, et je prie Dieu qu'il vous ait en sa sainte et bonne garde. »

Il n'y avait ni signature ni lettres initiales. — Rien.

— Eh bien ? — demanda Pierre de Courtenay au comte de la Châtre, — vous avez entendu. Qu'en pensez-vous ?...

— Par ma foi, répliqua le comte, je dis que vous avez là une bien admirable et bien précieuse parente inconnue, et que, quand bien même elle ne tiendrait aux Courtenay que de fort loin et quelque peu de la main gauche, je vous conseillerais de la reconnaître comme vôtre, sans hésiter ! Recevez mes compliments, mon cher prince... il était écrit là-haut que la fortune vous sourirait aujourd'hui !...

— Mais cette fortune, — répondit Pierre, — je n'ai pas dit que je l'acceptais...

— Comment ?... comment ? — s'écria le comte, — que voulez-vous dire ?...

— Songez que j'ignore quelle est, au vrai, la source de cet argent...

— Mais, pas le moins du monde !... Vous le savez à merveille, au contraire !... Cette source, digne d'éloge, est une vieille et respectable parente. Son épître en fait foi !...

— Puis-je croire à une parenté dont je n'ai jamais entendu parler ?...

— Eh ! qu'importe ?... La parenté n'est pas douteuse, puisque l'honorable dame vous appelle : *mon cousin*, et vous institue son héritier universel...

— Vous avez beau dire, cher comte... tout ceci n'est pas clair, et je ne sais si je dois...

— Ah ! vous m'impatientez à la fin !... interrompit brusquement La Châtre, — vous perdez la tête, cher prince, avec vos scrupules!... je pense me connaître en délicatesse, et je déclare, sur mon honneur, que la vôtre n'a pas le sens commun... Si vous refusez de me croire, je, ne vous reverrai de ma vie...

— Quel feu! — répliqua Pierre en souriant, — allons, peut-être avez-vous raison, mais, dans une conjoncture aussi grave, deux avis valent mieux qu'un... — je verrai, je consulterai...

— Voyez donc et consultez... Seulement je déclare d'avance plats, bélîtres et sots personnages ceux qui ne seront pas de mon avis!...

La conversation en resta là.

M. de La Châtre prit congé du prince.

Ainsi qu'il l'avait dit à M. de La Châtre, Pierre de Courtenay consulta en effet.

Il s'adressa à deux très graves et très illustrissimes personnages, juges compétents en ces matières, le comte de Brosses et le président de Montesquieu. Tous deux s'accordèrent pour blâmer l'excès d'une délicatesse, très louable sans doute, mais déplacée en semblable occurrence.

L'opinion de ces autorités irrécusables, — opinion si conforme à celle de M. de La Châtre, — convainquit Pierre de Courtenay. Il fit à bonne fortune bon cœur.

Désormais son existence changea du tout au tout, il était riche. On le vit paraître dans l'équipage le plus brillant, il se présenta à la cour, et le roi l'accueillit avec une faveur marquée.

Chaque jour ajoutait à ses succès, chaque jour il devenait de plus en plus à la mode.

Une seule chose étonnait outre mesure ses amis : — Pierre de Courtenay, jeune, beau et recherché comme il l'était, ne se montrait empressé auprès d'aucune femme ; on ne lui connaissait pas de maîtresse, et toutes les tentatives faites pour le sonder à cet égard restaient iufructueuses.

Ajoutons que chaque matin, à l'heure accoutumée, Pierre de Courtenay venait au jardin du Palais-Royal, s'approchait de Nanette, sans prononcer une parole, lui prenait un bouquet qu'il payait six livres, une simple fleur, le plus souvent, et que, pendant tout le reste de la journée, il portait ce bouquet à sa main, ou cette fleur à sa boutonnière.

## XXXVII

UN AVIS ANONYME

Un matin, au moment où Nanette s'apprêtait à sortir comme de coutume, on frappa doucement à sa porte.

— Qui est là ? — demanda-t-elle.

— Moi, petite sœur, — répondit la voix de Marcel.

— Tu peux entrer, mon bon frère...

— Je t'apporte quelque chose... — dit le jeune homme après avoir embrassé sa sœur et en cachant sa main derrière son dos.

— Quelque chose?... quoi donc?

— Devine.

— Oh ! dis-moi plutôt tout de suite.

— Eh bien, je ne te ferai pas languir... c'est une lettre... et qui m'a tout l'air d'un billet doux... cela sent le musc et l'ambre...

En parlant ainsi, il présentait à Nanette une petite enveloppe carrée, satinée et parfumée.

L'écriture de la suscription semblait déguisée à dessein.

Au lieu d'armoiries, le cachet portait ce mot : DÉFIANCE !...

— Qui t'a remis cela ? — demanda Nanette.

— Un valet sans livrée, une sorte de grison que j'ai rencontré dans l'escalier, au moment où j'allais descendre... Regarde donc un peu ce que ce *poulet* chante :

Nanette brisa le cachet et elle lut tout haut :

« Mademoiselle,

» Un ami inconnu, qui désire garder l'incognito, croit devoir vous prévenir d'un complot tramé contre vous.

» Ce soir, à l'heure où vous quittez habituellement le Palais-Royal, vous devez être enlevée par les gens du comte de Lauraguais, qui a parié avec ses amis qu'il vous donnerait ce soir à souper dans sa maison de campagne de Fontenay-aux-Roses.

» N'allez donc point au Palais-Royal aujourd'hui, ou, si vous y allez, soyez sur vos gardes et bien accompagnée.

» Ne dédaignez pas cet avis, mademoiselle, il est dicté par un intérêt bien sincère.

» Prudence et défiance. »

— Quelle infamie !... — s'écria Marcel.
— Et quel ennui !... — ajouta Nanette.
— Que vas-tu faire, petite sœur ?
— Je ne sortirai pas aujourd'hui.
Marcel se frappa le front.
— J'ai une idée ! — s'écria-t-il.
— Et cette idée ?
— Tu la sauras demain.
— Mieux vaudrait aujourd'hui, ce me semble...
— Non, non, demain, pas avant...

— Comme tu voudras, mais point de folies !...
— Sois tranquille. Promets-moi seulement que tu ne mettras pas les pieds au Palais-Royal de toute la journée.
— Oh ! je t'en réponds.
— Alors, tu resteras ici?
— Je ferai mieux.
— Quoi donc?
— Je vais envoyer chercher un fiacre, et j'irai, avec notre mère, voir mon frère Eustache et ma bonne petite sœur Rosette et mes petits neveux... — nous y resterons jusqu'au soir, et Eustache, qui est un soldat, nous ramènera ici en voiture.

Marcel s'élança dehors.

Au bout d'un quart d'heure il revint.

— *Le char numéroté*, comme dit M. Boileau Despréaux, surnommé *le législateur du Parnasse*, est en bas ! — s'écria-t-il.

Nanette et Marie-Jeanne Lollier étaient prêtes.

Marcel les accompagna jusqu'en bas, il leur ouvrit la portière, leur souhaita un bon voyage et cria l'adresse au cocher.

Le jeune ménage demeurait rue des Ménétriers.

Ceci fait, Marcel, au lieu de se diriger vers les ateliers où s'imprimait l'Encyclopédie, remonta dans l'appartement de sa sœur.

Chose bizarre !...

Deux heures après ce moment, Nanette la bouquetière, que nous avons vue se diriger en compagnie de sa mère vers la rue des Ménétriers, faisait son entrée, un peu tardive, dans le jardin du Palais-Royal.

Chose plus bizarre encore !...

La jeune fille, comme si elle eût pris à tâche de prouver qu'elle dédaignait l'avis du billet anonyme arrivé le matin, n'était point accompagnée des deux grands valets de pied qui, d'habitude, ne la quittaient jamais.

Dans la journée, le comte de Lauraguais traversa le Palais-Royal, mais sans s'approcher de Nanette.

Il remarqua le détail dont nous venons de prendre note et, se frottant les mains, il murmura :

— Décidément, le diable est pour moi !...

L'obscurité commençait à descendre sur Paris, fort mal éclairé à cette époque, ainsi que chacun sait, lorsque Nanette se décida à quitter le jardin.

Elle se mit en devoir de regagner la rue Saint-Honoré, avec une lenteur qui, véritablement, aurait pu paraître calculée. Au coin de la rue qui contournait le Palais-Royal, elle tomba tout au beau milieu d'un fort notable embarras. Deux crocheteurs ivres se battaient dans le ruisseau, à côté d'un grand carrosse. Un cercle de curieux les entourait.

Bref, il n'y avait, pour passer, que la place d'une seule personne, entre la muraille et la voiture.

Nanette s'engagea dans cette sorte de couloir.

A peine avait-elle accompli la moitié de ce trajet périlleux, que la portière s'ouvrit.

Deux grands et forts gaillards, qui se trouvaient derrière la jeune fille la saisirent, la soulevèrent et, sans lui faire le moindre mal, la placèrent dans l'intérieur de la voiture, où l'attendait un personnage dont on ne pouvait distinguer les traits dans la demi-obscurité.

La portière fut refermée et l'attelage partit au galop.

Nanette poussa quelques petits cris, et fit mine de se jeter bel et bien par la portière.

Mais, somme toute, hormis ces manifestations anodines, son désespoir se maintint en des bornes fort raisonnables.

Peu à peu ses cris s'éteignirent et l'on n'entendit plus que quelques sanglots modérés et qui n'étaient point exempts d'une certaine coquetterie...

Alors, le personnage qui occupait avec Nanette le fond du carrosse et qui n'avait point eu trop de peine à contenir la jeune fille, jugea que le moment était venu de la rassurer complétement.

— Que craignez-vous, charmante Nanette? — dit-il d'un ton passionné et pathétique, — aucun danger ne vous menace!... n'êtes-vous donc pas en sûreté auprès de votre esclave?...

— Mon esclave? — vous? — répliqua la jeune fille.

— Sans doute, et le plus passionné de tous!...

— Vous vous dites mon esclave, et je suis votre prisonnière!...

— Les seules chaînes que je prétende vous faire porter sont celles d'un amour tendre et soumis...

— Si votre amour est soumis, pourquoi m'enlevez-vous malgré moi?

— Parce que c'est ma seule ressource pour vous pouvoir peindre une flamme dont jusqu'ici vous avez repoussé l'aveu...

— J'ai repoussé l'aveu de votre flamme!... moi?...

— Vous-même, cruelle!... trop charmante, trop séduisante et trop inhumaine tigresse!...

— Qui donc êtes-vous, monsieur, s'il vous plaît ?
— Je suis la victime de vos dédains, belle Nanette !... le martyr de vos beaux yeux ! Je suis le comte de Lauraguais !...

## XXXVIII

### LA PETITE MAISON DE FONTENAY-AUX-ROSES

— Ah! vous êtes le comte de Lauraguais? — répliqua Nanette avec un sang-froid fort extraordinaire dans sa position, — eh bien, monsieur le comte, votre conduite est abominable!...

— Hélas! je le sais bien, ô mon inhumaine! mais j'ai une excuse!...

— Laquelle?

— L'amour.

— Je n'en crois pas un mot...

— Par quoi voulez-vous que je vous jure?...

— Ne jurez point! L'amour, monsieur le comte, ne procède pas de cette façon...

— Et comment donc, farouche sœur des roses?...

— Par de petits soins... par des attentions délicates... par la constance... par la soumission... par la douceur... par la docilité... C'est en agissant ainsi que l'on plaît, et point autrement...

— Aurais-je donc une chance de vous plaire, sœur cadette des trois Grâces, et cousine germaine de Vénus, en faisant tout ce que vous venez de me dire?...

— Peut-être bien, monsieur le comte...

— Eh bien, je profiterai de la leçon... et, à l'avenir...

— Commencez tout de suite, interrompit Nanette.

— Je ne demande pas mieux!

— Montrez-vous soumis et docile, faites arrêter votre carrosse, et laissez-moi libre...

— Tigresse de l'Hyrcanie!... vous me brisez le cœur!...

— Vous refusez?

— Demandez-moi tout, — tout au monde! — excepté cela!...

— Mais, enfin, où me conduisez-vous?

— A ma maison de campagne de Fontenay-aux-Roses... un petit palais dont vous serez la reine...

— Et qu'y prétendez-vous faire de moi?

— Vous toucher par l'expression du plus parfait amour!... vous décider à me rendre heureux...

— Je doute que vous y réussissiez...

— Ah! laissez-moi du moins l'espoir... — pour vous obtenir, aucun sacrifice ne me coûtera!...

— Qu'entendez-vous par *sacrifice*, monsieur le comte?

— J'entends que je suis riche... immensément riche, que je vous prie de considérer ma fortune comme étant la vôtre...

— Qui dit trop ne dit rien, monsieur le comte. Si c'est une offre que vous prétendez me faire, précisez, je vous prie...

— Ah! la petite gaillarde!... — pensa le comte, — comme elle joue serré!... Quand je pense que c'est pour une vertu de ce calibre que ce sot de Courtenay aurait pu se couper la gorge avec moi!...

Puis, tout haut il reprit :

— Je vous offre, divine Nanette, en échange de votre cœur, d'abord cent cinquante mille livres comptant...

— Peuh ! — fit Nanette, — vingt fois j'ai refusé mieux...

— Attendez donc !... attendez donc !... — s'écria le comte, — je vous offre ensuite trois mille livres par mois pour vos dépenses courantes, un petit hôtel à Paris, une maison de campagne dans la banlieue, des diamants, — un carrosse, — quatre chevaux, — un gros cocher, — un suisse, — un cuisinier, — un valet de chambre, deux valets de pied, — un petit laquais et trois filles de chambre... le tout payé par moi, et entretenu à mes frais...

— Ah! c'est un peu mieux, — dit Nanette.

— Voyons, sommes-nous d'accord ?...

— Il faut voir...

— Quoi?

— Je demande à réfléchir...

— Répondez-moi *oui* tout de suite...

— Non pas! la chose est importante et mérite bien qu'on y pense...

— Et, quand aurez-vous réfléchi, belle Nanette?

— Ce soir, après souper... car j'imagine que vous me donnez à souper?...

— Certes !...

— Mais pas en tête-à-tête, surtout... Vous êtes un homme trop dangereux, monsieur le comte, pour que je risque...

— J'avais prévu ce scrupule...

— Et, qu'avez-vous fait?

— J'ai invité quelques amis...

— Ah! ah!... Alors nous serons en nombreuse compagnie?

— Quinze ou vingt gentilshommes à peu près...

— Fort bien!

— Daignerez-vous, ravissante Hébé, faire les honneurs du souper?

— Songez que j'ai bien peu d'habitude...

— Vous n'en aurez que plus de grâce...

— Décidément, comte, on ne peut rien vous refuser...

— Adorable!... adorable!... — s'écria M. de Lauraguais en saisissant et en portant à ses lèvres une main qu'on ne lui retira pas trop vite.

Le carrosse s'arrêta. Les chevaux avaient marché comme le vent, et pendant l'entretien qui précède, on était arrivé à Fontenay-aux-Roses, devant le perron de la maison de campagne de M. de Lauraguais.

Cette *villa*, comme on dirait aujourd'hui, était exclusivement consacrée aux soupers joyeux, aux orgies, aux parties de spectacle, car le comte avait là un charmant petit théâtre, et les seigneurs de la cour, continuant une des modes de la régence, y venaient souvent jouer les proverbes grivois de Collé, en compagnie de certaines actrices égrillardes de la Comédie Italienne, et de quelques-unes de ces demoiselles de l'Opéra.

Le comte descendit le premier, et donna la main à Nanette, qui sauta lestement sur la première marche du perron.

Il était en ce moment huit heures du soir.

Le souper étant pour dix heures, aucun des invités n'avait encore paru.

M. de Lauraguais profita de cette solitude pour faire visiter à la jeune fille toutes les merveilles de sa petite maison.

Elle admira suffisamment, mais sans enthousiasme, comme si elle avait passé sa vie entière au milieu des splendeurs et des raffinements du luxe le plus extravagant.

— Tudieu ! — se disait le comte à part lui, — la petite commère ira loin !...

M. de Lauraguais, après avoir ainsi promené Nanette, l'introduisit dans une vaste pièce assez bizarre. Cette pièce communiquait, d'un côté avec la salle à manger, de l'autre avec les coulisses du théâtre. Au milieu se trouvait une immense et magnifique toilette à la duchesse, encadrée dans des flots de dentelles, et dont tous les accessoires était en vermeil. Tout à l'entour, se voyaient accrochés, contre les murailles, des multitudes de vêtements de toutes les formes et de toutes les tailles, costumes et travestissements destinés aux actrices à qui cette pièce servait de vestiaire.

Nanette les parcourut rapidement du regard, et un sourire furtif se dessina sur ses lèvres charmantes.

Un grand fauteuil doré, placé près de la toilette, supportait une robe d'une étoffe merveilleuse et qui, certes, aurait semblé digne d'une reine.

— Délicieuse Nanette, — dit le comte, — j'ai pensé qu'il vous conviendrait peut-être de rehausser ce soir vos charmes par des ajustements un peu moins simples que votre costume de tous les jours... et j'ai fait préparer cette robe... — Comment la trouvez-vous ?

— Fort belle... — répondit Nanette.

Le comte ouvrit le tiroir de la toilette.

Il en tira des écrins remplis de parures éblouissantes.

— Aussitôt que ces pierreries, — dit-il, — auront touché votre cou charmant, elles seront à vous. — Vous ne refuserez point de vous en parer, n'est-ce pas ?...

— Non, sans doute, monsieur le comte.

— Adorable !... adorable !... — répéta-t-il.

Puis il ajouta :

— L'heure se passe... — nos conviés vont arriver d'un instant à l'autre... — je vais vous envoyer vos femmes...

— Mes femmes ? — à quoi bon ?...

— Mais, à vous habiller, ce me semble...

— Monsieur le comte, je m'habille toujours seule...

— Je sors, mais auparavant, oh ! divine inhumaine, ne m'octroierez-vous pas un baiser sur vos lèvres de roses ?

— Plus tard... monsieur le comte, plus tard...

— Mais, quand ?

— Après souper.

— Bien vrai ?

— Foi de... foi de Nanette !...

— Allons, je me contente de cette promesse qui m'enivre ! surtout, ne perdez pas un instant !...

— Oh ! je serai prête avant l'heure...

Du bout de ses doigts maigres et jaunâtres, M. de

Lauraguais envoya à Nanette une demi-douzaine de baisers...

Puis il pirouetta sur ses talons rouges, et il sortit, en se donnant les airs évaporés d'un jeune homme.

A peine avait-il refermé la porte, que Nanette se laissait tomber sur un fauteuil, et donnait enfin carrière à un accès de rire homérique, qu'elle comprimait depuis longtemps.

Cependant les invités du comte arrivaient.

Déjà un certain nombre de carrosses avaient déposé devant le perron les représentants des plus grands et des plus glorieux noms de France.

M. de Lauraguais les recevait dans un petit salon attenant à la salle à manger.

Parmi ces convives, il y avait plusieurs de nos connaissances, — le marquis de Louvois, — le comte de La Châtre, — Diderot, — M. de Marmontel, — le duc de Nivernais, etc.

Bientôt tous les invités se trouvèrent au rendez-vous, excepté un seul. Mais, alors, M. de Lauraguais commença à donner des signes manifestes d'inquiétude.

— Qui donc attendez-vous encore, cher comte ? — lui demanda quelqu'un.

— J'attends le prince de Courtenay, — répondit-il, — et, d'honneur, je ne voudrais pas, pour cinquante mille livres, que, ce soir, il me manquât de parole !...

## XXXIX

#### UN PIGEON POUR UNE TOURTERELLE

L'incertitude anxieuse de M. de Lauraguais ne fut pas de bien longue durée.

A peine achevait-il de prononcer les paroles qui terminent le précédent chapitre, qu'on entendit le bruit d'un carrosse, sillonnant rapidement le sable fin de l'avenue et s'arrêtant devant le perron.

Une seconde après, un valet de chambre annonçait :

— Monseigneur le prince de Courtenay.

— A la bonne heure! — murmura le comte. — Mon triomphe, en son absence, ne m'eût point semblé complet !

Et il courut au-devant du convive si impatiemment attendu.

— Cher prince, — s'écria-t-il, — enfin vous voilà ! si vous saviez comme nous vous désirions tous !...

— Suis-je en retard, monsieur le comte? — demanda Pierre assez froidement.

— Non point, quant à l'heure du rendez-vous... mais au gré de notre impatience, oui, un peu.

— Ceci est en vérité trop gracieux !...

— Jamais trop avec vous, cher prince... jamais assez et puis, vous le dirai-je?... je craignais...

— Quoi donc?

— Que vous ne vinssiez pas ce soir.

— J'avais promis.

— Sans doute, mais je me rappelais certaine discussion...

— Une discussion? — répéta le prince, de l'air d'un homme qui ne comprend pas.

— Eh! oui... — chez Didérot... — vous souvenez-vous?...

— Non, en vérité.

— Au sujet d'une chose sans importance d'ailleurs... de Nanette la belle bouquetière... de la *Perle du Palais-Royal*.

M. de Courtenay fronça légèrement le sourcil.

— En effet, — dit-il; — mais comme, dans cette discussion, l'avantage ne m'avait pas paru rester de votre côté, franchement, je n'y pensais plus...

— Il est certain que ce jour-là, vous m'avez battu, cher prince; mais, depuis...

M. de Lauraguais s'interrompit.

— Eh bien! depuis? — demanda Pierre.

— Je pense que votre opinion s'est modifiée quelque peu.

— Et qui vous fait supposer cela, monsieur le comte?

— Est-ce que je me trompe?

— Entièrement.

— Quoi! aujourd'hui comme alors, vous vous feriez le défenseur de la vertu de Nanette Lollier?...

— Plus que jamais !

— Cependant, si quelqu'un venait vous dire que cette fleur immaculée, que ce modèle de sagesse est au moment de laisser là son éventaire et ses bouquets pour devenir une de nos impures à la mode, la maîtresse en titre d'un grand seigneur?...

— Je répondrais que ce quelqu'un-là a menti...

— Mais si ce quelqu'un offrait de prouver ce qu'il avance?

— Je le mettrais au défi de le faire.

— Et, s'il le faisait?

— S'il le faisait?... — s'écria le prince avec une sorte de fureur... Et, se calmant aussitôt, il ajouta : — Mais, non, c'est impossible!...

Pendant le dialogue qui précède, les valets de pied avaient ouvert à deux battants les portes du petit salon, et la salle à manger, éclairée *à giorno* par vingt candélabres, offrait le magnifique coup d'œil de sa table splendidement servie, éblouissante de cristaux, d'argenterie, et de surtouts en vermeil.

— Messieurs, — dit le comte de Lauraguais, — le souper nous attend, — à table, je vous prie...

Chacun s'assit, mais en silence et d'un air préoccupé.

Instinctivement on sentait qu'il allait se passer quelque chose d'étrange. Le comte de Lauraguais, seul, resta debout.

— Il me reste à vous présenter quelqu'un, — reprit-il, — la reine de la fête, celle qui veut bien vous faire à tous les honneurs de ma petite maison...

— Qui donc est cette reine? — demanda une voix.

— Mademoiselle Nanette Lollier, — répondit le comte avec un sourire.

Le prince de Courtenay devint pâle comme un linge.

Il se leva d'un bond, et, appuyant la main sur la garde de son épée, il s'écria :

— Ceci, monsieur le comte, est un nouveau mensonge !... Mademoiselle Lollier n'est point ici !... elle n'y peut pas être ! et je la défendrai jusqu'au bout, l'épée à la main, s'il le faut contre vos calomnies.

— A votre aise, cher prince, — répondit Lauraguais en riant et en se dirigeant vers la porte de la chambre aux costumes, — à votre aise... Dégaînez !... — mettez flamberge au vent !... la Perle du Palais-Royal va vous remercier, comme il convient, de vous montrer pour elle un si chaud défenseur !...

Et le comte, ouvrant la porte, ajouta :

— Venez, divine Nanette, venez, et montrez-vous à nos yeux éblouis.

Il n'avait point achevé ces mots qu'il recula, stupéfait, abasourdi, furieux, confondu, grotesque.

Par cette porte ouverte, un jeune homme venait de sortir et saluait les convives avec une bonne grâce parfaite.

C'était, sous un costume du temps de Louis XIII, le plus joli page du monde.

Il portait son pourpoint bleu de ciel — orné de rubans d'argent, — sa petite épée de cour et son manteau espagnol de velours noir, galonné en or, — avec une crânerie cavalière bien propre à faire tourner toutes les têtes féminines.

Un sourire d'une incroyable ironie plissait ses lèvres roses et charmantes.

— Si j'ai bien entendu, cher comte, — dit-il en s'adressant à M. de Lauraguais, — vous attaquiez tout à l'heure la vertu de Nanette la bouquetière... la Perle du Palais-Royal... Eh bien! à votre aise!... dégaînez!... — C'est là ce que vous disiez, je crois?... — Vous le voyez, je suis en garde, et nul ne me contestera sans doute le droit de défendre ma sœur...

Et, tout en parlant ainsi, le page brandissait sa petite épée.

— Sa sœur!... — répétèrent tous les convives.

Se tournant vers Lauraguais, que la stupeur et le désappointement rendaient muet et immobile, Marcel ajouta :

— Mais quelle triste figure vous nous faites là, mon cher comte!... Pour Dieu, déridez-vous un peu!... Vos filets étaient bien tendus!... Si vous avez pris le pigeon au lieu de la tourterelle, ce n'est pas un bien grand mal, les meilleurs oiseleurs s'y trompent quelquefois!...

Un immense éclat de rire s'éleva tout autour de la table pour accueillir cette saillie.

Le comte de Lauraguais aurait payé bien volontiers cent mille livres pour se trouver à cent pieds sous terre.

Il se voyait, dès le lendemain, raillé, bafoué, chansonné sur tous les tons!...

Son aventure allait défrayer les *Nouvelles à la main* pendant un grand mois tout au moins.

Marcel reprit :

— Messieurs, il serait mal à moi de tromper l'espoir du cher comte... Il m'a fait promettre de vous faire les honneurs de son souper... Il y compte... Je tiendrai parole...

Et, en effet, le jeune garçon s'assit sans façon à la place d'honneur.

— Allons, cher comte, — dit-il ensuite, — asseyez-vous bien vite... là-bas, en face de moi... Vous voyez que nous n'attendons plus que vous... Prouvez-nous que vous buvez sec et nous porterons, tant qu'il vous plaira, la santé de ma sœur... Ça ne pourra pas manquer, j'imagine, de vous faire un certain plaisir.

Le comte écumait de rage, mais la crainte du ridicule l'empêchait d'éclater. Il s'assit, espérant voir bientôt arriver le terme du supplice qu'il endurait.

Mais Marcel n'était point d'humeur à le ménager, et la gaieté, toujours croissante des convives, faisait sur sa mordante raillerie l'effet d'innombrables coups d'éperon.

— Savez-vous bien, messieurs, — poursuivit-il, — que je pourrai bientôt, moi aussi, vous prier d'honorer de votre gracieuse présence les soupers de ma petite maison... car je vais avoir une petite maison...
— Il est si riche et si généreux, ce cher comte !... Ecoutez et jugez-en !... — Il me donne, tout d'abord et dès demain matin — (juste rémunération du plaisir qu'il éprouve en ce moment) — cent cinquante mille livres comptant. — Ceci est peu de chose, mais vous allez voir mieux. — Il ajoute à l'argent mignon trois mille livres par mois pour mes menues dépenses, — un petit hôtel à Paris, — une maisonnette dans la banlieue, à Passy, à Auteuil, à Vaugirard, où je voudrai enfin ; il y joint des diamants, — un car-

rosse, — quatre chevaux, — un gros cocher, — (s'il n'est pas gros, je n'en veux point !) — un suisse, — un cuisinier, deux valets de pied, — un petit laquais et trois filles de chambre, — bêtes et gens, bien entendu, payés et entretenus aux frais du cher comte... — Et, en échange de tout cela, savez-vous ce qu'il me demande, ce nouveau et illustrissime Jupiter?... — Eh! mon Dieu, tout bonnement de lui servir de Ganymède!...

Une formidable explosion de fous rires accueillit cette nouvelle boutade.

Ce fut le coup de grâce.

Le comte passa du jaune au vert et du vert au violet foncé.

Il sentit qu'une attaque d'apoplexie était imminente s'il ne donnait sur-le-champ à sa colère un puissant dérivatif.

En conséquence, il s'approcha de M. de Courtenay et lui dit : — Il me semble, prince, qu'un peu avant de nous mettre à la table, vous avez prononcé, en parlant de moi, quelques mots un peu bien vifs...

— Monsieur le comte, — répondit Pierre avec hauteur, — j'ai simplement dit que vous mentiez... et vous voyez bien que j'avais raison...

— C'est possible! — Mais, si je mens, je n'aime pas qu'on me le dise...

— Et moi — voyez la différence ! — j'aime le dire à ceux qui mentent!...

— Prince, retirez-vous vos paroles?...

— Au contraire, je les maintiens.

— Alors, je vous en demande raison.

— Comme vous voudrez et quand vous voudrez.
— Je suis absolument à vos ordres.
— Eh bien ! tout de suite, je vous prie...

Une rencontre, l'épée à la main, entre deux gentilshommes, était chose si commune à cette époque, qu'aucun des convives du souper de Fontenay-aux-Roses ne songea seulement à intervenir.

La nuit était magnifique et pas un souffle d'air n'agitait les feuilles des arbres.

Le comte et le prince descendirent au jardin, accompagnés de quatre témoins et suivis de domestiques portant des flambeaux pour éclairer les deux adversaires.

Ils mirent habit bas sur la pelouse qui faisait face à l'habitation, et le combat s'engagea.

Pierre de Courtenay et le comte de Lauraguais étaient, comme tireurs, à peu près d'égale force.

Seulement le prince avait sur son adversaire l'immense avantage de conserver tout son sang-froid, tandis que la colère trop longtemps contenue de M. de Lauraguais l'aveuglait et faisait trembler ses muscles et ses nerfs.

Après quelques passes, l'épée de M. de Courtenay traversa de part en part l'avant-bras du comte, qui laissa tomber son arme et perdit connaissance.

— Ce pauvre comte ! fit Marcel, qui de l'une des fenêtres de la salle à manger avait assisté au duel en compagnie des autres convives, et qui faisait les vœux les plus ardents pour le prince de Courtenay, ce pauvre comte !... Ah ! bah ! il ne faut pas trop le plaindre... ça lui tiendra lieu d'une saignée !...

Tandis qu'on portait sur son lit le maître de la

maison et que les valets couraient de tous côtés pour tâcher de trouver un chirurgien, les gentilshommes et les gens de lettres qui avaient pris part au souper songeaient à regagner Paris.

Pierre de Courtenay offrit à Marcel une place dans son carrosse pour le reconduire au logis de ses parents.

Avons-nous besoin de dire que le jeune homme accepta de grand cœur?

## XL

### CONVERSATION

Il était près de trois heures du matin quand la voiture du prince de Courtenay s'arrêta, rue Saint-Honoré, devant la maison qu'habitait la famille Lollier.

Marcel en descendit, toujours revêtu du costume de page, qu'il comptait bien renvoyer le lendemain à l'hôtel du comte de Lauraguais.

Aucun des Lollier n'était couché.

L'absence inexplicable de Marcel, garçon rangé et fort régulier dans ses habitudes, plongeait tout le monde dans le désespoir. Chacun se faisait, au sujet du jeune homme, les idées les plus sinistres. Marie-Jeanne et Nanette surtout, le croyaient assassiné et sanglotaient à qui mieux mieux.

Quand on le vit paraître, un cri de joie et de soulagement s'échappa de toutes les poitrines.

La mère et les sœurs de Marcel ne se pouvaient lasser de l'embrasser en pleurant.

Les premiers moments une fois passés, l'étrangeté de ses vêtements attira les regards et fixa l'attention.

Comment se pouvait-il faire, en effet, que le jeune apprenti imprimeur se fût ainsi métamorphosé en page de la cour du roi Louis XIII ? — Qu'est-ce que cela voulait dire ?

Ces questions furent formulées par une demi-douzaine de bouches à la fois.

Marcel attendit pour répondre que cette fièvre de curiosité lui permît de placer une parole.

— Cela veut dire, petite sœur, — fit-il en s'adressant à Nanette, — que désormais tu peux aller au Palais-Royal tant qu'il te plaira, et que tu n'as plus rien à redouter du vilain comte de Lauraguais...

— Mais comment ?... comment ?... — demanda Nanette.

— Oh ! c'est toute une histoire...

— Raconte vite... nous écoutons...

Marcel commença, en effet, et mena à bien le récit de son aventure, récit coupé vingt fois par des exclamations qu'on devine.

Quand il eut achevé, ce fut à qui le complimenterait sur la hardiesse, l'esprit et l'habileté dont il avait fait preuve.

La burlesque déconvenue du comte de Lauraguais apprêtait à rire à tout le monde.

Mais Nanette était devenue bien pâle, en apprenant que le prince de Courtenay s'était battu pour elle !...

Quelques semaines après les scènes auxquelles nous venons de faire assister nos lecteurs, le comte de La Châtre causait avec Nanette dans le jardin du Palais-Royal.

Il était en train de lui débiter mille galanteries sans conséquence, que la jolie bouquetière écoutait en riant.

Le marquis de Louvois s'approcha d'eux et, après avoir échangé un salut avec les deux interlocuteurs, il s'adressa à M. de La Châtre.

— Comte, — lui dit-il, — sais-tu la nouvelle?

— Cela dépend, — il y a dans Paris, chaque matin, autant de nouvelles que de nouvellistes... — Certains vous abordent en vous disant : — *A propos, le roi Henri IV est mort!...* — La nouvelle est-elle neuve ou vieille?

— C'est une nouvelle nouvelle, une vraie nouvelle, et une nouvelle vraie, — répliqua le marquis en riant.

— Alors, voyons?

— Eh bien! notre ami commun, ce pauvre Courtenay est fou!...

Nanette tressaillit.

— N'est-ce que cela? — demanda La Châtre.

— Il me semble que c'est bien assez!...

— Je l'ai vu hier au soir, il avait tout son bon sens.

— L'accès ne s'est déclaré que ce matin!

— Et, à quel propos?

— A propos de mariage...

Nanette devint plus rouge que les œillets de sa corbeille.

— Quelle est cette raillerie? — demanda La Châtre.

— Il n'y a pas de raillerie, et rien au monde n'est plus sérieux.

— Alors, explique-toi, — qu'y a-t-il ?

— Il y a qu'on propose à Pierre un des plus beaux partis de France, un grand nom et huit cent mille livres de rente, et qu'il refuse...

— C'est invraisemblable.

— C'est comme ça.

— La personne à marier est peut-être vieille et laide ?

— Tu vas en juger. C'est mademoiselle de Craon.

— Charmante ! — dix-huit ans ! et des yeux presque aussi beaux que ceux de Nanette !...

— Eh bien ! qu'en dis-tu ?

— Je dis qu'il faut que tu sois mal renseigné, jamais je ne croirai que Pierre dédaigne ainsi son bonheur !

— Mal renseigné ! — s'écria le marquis de Louvois, — personne ne peut l'être mieux que moi !

— Et, comment ?

— J'ai été chargé de faire les premières ouvertures.

— Et Pierre a refusé ?

— Nettement, — complétement, — irrévocablement.

— Il réfléchira...

— Je n'y compte pas. — Quand Pierre a dit : *non*, c'est *non*.

— Alors tu as raison, il est fou !

— Tu vois.

— Mais, enfin, quelle raison donne-t-il ?

— Aucune.

— Quoi ? pas un mot d'explication ?

— Pas un. Eloignement pour le mariage, voilà tout.

— Alors, il cache quelque chose...
— Je le crois.
— Un amour, sans doute. Il n'y a que le petit Cupidon qui puisse détraquer ainsi un cerveau si solide habituellement.
— Mais, qui pourrait-il aimer? dit M. de Louvois après quelques secondes de réflexion.
— Dame! — à moins qu'il ne brûle pour une de mesdames de France... —répliqua La Châtre en riant.
— Oh! j'en doute.
— Mais, alors?
— Quelqu'une de nos impures, peut-être? une fille de théâtre...
— Ah! marquis, tu calomnies Pierre!...
— Pourquoi donc? ne t'ai-je pas vu, bien souvent, laisser tomber ton cœur dans les coulisses de l'Opéra... il est vrai que tu ne tardais guère à le ramasser, pour le reperdre un peu plus loin.
— Oui, mais entre Courtenay et moi, la différence est grande!... je ne suis qu'un franc vaurien!... un libertin, un débauché! Le prince est un sage, un Caton, et le vice lui fait horreur... même le vice en robe de gaze, avec de blanches épaules, des cheveux noirs et des yeux étincelants!... Si Courtenay est amoureux, je parierais qu'il ne peut l'être que d'une femme aussi charmante que sage...
— Une femme mariée, peut-être...
— Peut-être... c'est possible, mais si celle qu'il adore n'est ni libre, ni princesse, ni millionnaire, et si elle aime véritablement notre ami, je sais bien ce qu'elle devrait faire et ce que, moi, je ferais à sa place...

— Quoi donc ?

— Je dirais à mon amant : — *Soyez libre !* — *oubliez-moi !* — *épousez mademoiselle de Craon !* — *Moi, je vous aimerai toujours, et je ne vous reverrai jamais !...*

— Ah ! ce serait bien beau !... Mais quelle femme aurait ce courage ?...

— Une femme digne d'être aimée par un cœur comme celui de Courtenay doit être capable de ce dévouement-là !... — Qu'en dit la charmante Nanette ?...

— Moi, monsieur le comte, répondit la bouquetière avec la plus parfaite insouciance, — je dis que je suis de votre avis...

La conversation en resta là.

Les deux gentilshommes s'éloignèrent.

Ce jour-là, Nanette rentra chez elle plus tôt que de coutume, et, pendant une grande partie de la soirée, elle s'enferma dans le petit boudoir que nous connaissons.

## XLI

### LE CHOIX D'UNE FLEUR

Depuis son changement de fortune, Pierre de Courtenay n'habitait plus la rue Culture-Sainte-Catherine. Il occupait le premier étage de l'un des magnifiques hôtels de la place Royale. Le lendemain du jour où il avait déclaré au marquis de Louvois qu'il ne voulait pas se marier, le prince, vers midi, déjeunait solitairement dans sa chambre à coucher, en robe de chambre et en pantoufles.

Le vieux valet dont nous avons parlé entra d'un pas silencieux.

Il posa sur la petite table un admirable coffret de Boule, en écaille rouge, incrusté de cuivre, d'argent, de nacre et de lapis lazuli, et, en même temps, il présenta à son maître sur un plat d'argent (de véritable argent, cette fois) une lettre et une petite clef dorée, — celle du coffret, sans aucun doute.

Le prince prit la lettre, et, avant de l'ouvrir, il l'examina avec attention.

La suscription était bien de l'écriture de cette vieille parente à laquelle il devait son opulence inattendue.

Le cachet portait, en outre, ces mêmes armoiries, à demi effacées, mais dans lesquelles se devinait encore vaguement le blason des Courtenay.

Seulement l'enveloppe était mince et ne contenait, à coup sûr, qu'une simple feuille de papier.

— C'est étrange, — pensa le prince, en fixant les yeux sur ce carré de vélin encore intact qu'il tenait dans sa main gauche, — c'est étrange!... mon cœur bat! j'ai comme un pressentiment!... il me semble que ma destinée est renfermée dans cette lettre!...

Pendant quelques secondes, il hésita à rompre le cachet. Mais, enfin, triomphant de cette sorte d'émotion superstitieuse, il déchira l'enveloppe, déploya la feuille de papier, et lut ce qui suit :

« Mon cher cousin,

» J'apprends à l'instant même une nouvelle dont je ne puis, malheureusement, révoquer en doute la parfaite exactitude, et qui me fait plus de peine que je ne saurais vous le dire...

» Est-ce bien vrai, est-il bien possible que vous vous refusiez à épouser mademoiselle de Craon?

» Songez, mon cousin, que ce parti, presque inespéré, réunit tout ce que vous et ceux qui s'intéressent à votre bonheur pouvaient souhaiter pour un mariage. Mademoiselle de Craon, en effet, est jeune et charmante, — immensément riche, — son nom est presque aussi beau que le vôtre, et se relie, par des racines profondes, à tous les grands noms, à toutes les grandes familles de la monarchie.

» Oh! je sais que vous m'allez répondre, mon pauvre enfant! — *Vous aimez ailleurs!...*

» Je suis vieille, bien vieille, mon cousin, j'ai plus de trois fois votre âge, j'ai aimé, une fois dans ma vie, et pour toujours, j'ai aimé d'un amour sans espoir, et je sais ce qu'on souffre quand le cœur se déchire. C'est donc en comprenant bien ce qui se passe dans votre âme, que je vous conseille le courage...

» Quand on s'appelle le prince Pierre de Courtenay; — quand on a, comme vous, du sang royal dans les veines, on ne s'appartient point à soi-même, on n'est point le maître absolu de sa vie et de sa destinée...

» Vous devez à vos ancêtres, vous devez à votre pays, de ne point laisser une grande race, une race de héros s'éteindre en vous. Vous devez à vos enfants de leur donner pour mère une princesse de Craon, et d'assurer à votre descendance l'une de ces fortunes princières sans lesquelles les noms les plus éclatants sont des fardeaux bien lourds à porter...

» Si celle que vous aimez est digne de votre amour — et je n'en veux pas douter, — si, — comme je le crois, — elle ne peut pas être votre femme, et, si elle lisait ce que je vous écris, elle comprendrait, elle partagerait les sentiments que j'exprime ici... — elle serait heureuse, elle serait fière de sacrifier vaillamment son cœur et de vous offrir sa tendresse en holocauste... — elle vous dirait qu'avoir été aimée de vous est un assez grand bonheur pour remplir tout le reste d'une vie... et elle vous enverrait à l'autel avec une douleur profonde, inguérissable, mais avec la conscience d'un grand devoir accompli...

» Cela, mon enfant, je vous le dis au nom de cette femme, et je suis bien sûre qu'elle ne me démentira pas...

» En épousant mademoiselle de Craon, il est indispensable que vous apportiez dans votre ménage autre chose qu'une pension tout éventuelle et qui, d'un jour à l'autre, pourrait cesser d'être payée...

» Un petit coffret vous est remis en même temps que cette lettre...

» Ouvrez ce coffret, — vous y trouverez le capital de la rente qui vous était payée par mes soins, au premier de chaque mois...

» Acceptez aussi, pour votre femme, quelques antiques bijoux de famille que je joins à cet argent, et que je la prie de porter quelquefois, pour l'amour de votre vieille parente inconnue.

» Encore une fois, mon cher enfant, je vous demande, je vous prie, je vous conjure de donner aux derniers jours de ma vie la seule joie profonde qu'ils puissent ressentir... — Je mourrai heureuse, si je vous vois épouser mademoiselle de Craon.

» Si vous consentez, comme je l'espère, et comme je le souhaite si ardemment, portez, pendant trois jours de suite, un œillet à la boutonnière de votre habit...

» Si, au contraire, vous refusez, portez une rose... »

— Ah! — dit le prince quand il eut achevé, — je sentais bien que ma destinée était là...

Il replia la lettre, il la referma sous son enveloppe déchirée, ensuite il prit la clef d'or, et il ouvrit le coffret.

Il contenait, en bons au porteur, sur la caisse des

fermiers généraux, une somme ronde d'un million.

Sous cet amas de chiffons précieux se trouvaient des diamants d'une grosseur et d'une eau magnifiques, et qui devaient avoir une valeur de deux ou trois cent mille livres, tout au moins.

Seulement la monture en était gothique et ternie, et la plus récente de ces parures devait compter au moins un siècle d'existence.

Sur le fermoir d'argent d'un bracelet se voyaient des traces d'armoiries. Pierre s'efforça de les déchiffrer, mais il ne put en venir à bout, car l'écusson avait été gratté et rayé dans tous les sens, et tout récemment, avec la pointe d'un couteau ou d'un canif.

— Etrange!... — répéta le prince, — étrange!...

Il cacha sa tête dans ses deux mains, et il s'absorba dans une méditation profonde, qui dura près d'une heure.

Quand il releva la tête, son visage était calme, et un sourire d'une douceur infinie, quoique un peu mélancolique, errait sur les revers de sa bouche. Il replaça les diamants au fond du coffret, — les billets de caisse sur les diamants, et la lettre sur les billets. Il fit tourner à deux reprises la clef dorée dans la mignonne serrure, puis il s'habilla et sortit sans demander son carrosse.

Au moment où il franchissait la porte de l'hôtel, ces mots s'échappèrent, comme involontairement, de ses lèvres :

— Allons! le sort en est jeté!...

Pierre de Courtenay se dirigeait du côté du Palais-Royal.

La veille au soir, nous le savons, Nanette Lollier avait quitté le jardin plus tôt que de coutume.

Ce matin-là, dès avant midi, elle en reprenait possession avec ses fleurs.

Nanette était pâle. Un cercle d'azur, autour de ses paupières, trahissait une nuit sans sommeil, ou quelque secrète souffrance. Elle semblait distraite et préoccupée. Elle, toujours si vive, si accorte, si prête à la réplique, si prompte à la riposte, ne répondait qu'à peine et avec effort aux madrigaux et aux galanteries que lui débitaient une demi-douzaine de ses adorateurs les plus assidus.

Vraiment, ce n'était plus Nanette la bouquetière!... le Palais-Royal, ce jour-là, avait perdu sa perle!...

Découragés par la froideur de l'accueil qui leur était fait, les galants s'éloignaient en se demandant les uns aux autres :

— Qu'a donc Nanette?

— Quel mauvais vent a soufflé ce matin sur cette charmante fleur?

— Est-ce un caprice passager?

— Avez-vous remarqué que ses joues, d'habitude fraîches comme ses roses, sont ce matin blanches comme des lis?

Le chœur reprenait :

— Qu'a donc Nanette?... — etc.

Cependant la jeune fille était parvenue à s'isoler, et c'est là ce qu'elle voulait.

Elle ne pouvait se tenir en place, elle marchait d'un pas tantôt rapide, tantôt irrésolu et comme chancelant... Parfois elle s'arrêtait, et, pendant quelques secondes, s'asseyait sur un banc. Puis elle se remettait à marcher, et son regard errait sans cesse d'un bout à l'autre du jardin du Palais-Royal, comme si elle attendait quelqu'un qui tardait bien à venir.

Hélas ! — c'était l'arrêt de sa vie qu'elle attendait, la pauvre enfant !

Enfin elle aperçut de loin, de bien loin, une forme connue.

Un nuage passa sur ses yeux, il lui sembla qu'elle allait défaillir et elle s'appuya contre un arbre pour ne pas tomber.

Le prince de Courtenay venait du côté de la jeune fille.

Nanette, les yeux baissés, ne le voyait pas, mais elle le sentait s'approcher.

Lorsqu'elle comprit qu'il était arrêté devant elle, elle souleva lentement ses paupières, et le parcourut tout entier d'un seul regard.

Il n'y avait à sa boutonnière ni rose ni œillet.

Le prince était pâle comme la bouquetière, et semblait aussi troublé qu'elle.

D'une main tremblante, la jeune fille lui présenta un bouquet.

Dans ce bouquet, — comme à la boutonnière du prince, — il n'y avait ni œillet ni rose.

Pierre de Courtenay le prit, le regarda en souriant; puis, le replaçant dans la corbeille, il dit, mais d'une voix si basse que Nanette ne put l'entendre qu'avec son cœur :

— Mon enfant, voulez-vous me faire présent d'une rose?...

La jeune fille poussa un faible cri et tomba sans connaissance dans les bras du prince.

## XLII

Lorsque Nanette revint à elle-même, elle se trouva étendue sur une chaise longue, environnée de sa famille, dans le petit boudoir tendu de toile peint à grandes fleurs.

— Que s'est-il passé?... — murmura-t-elle, et comment suis-je ici?... Je ne me souviens pas...

Sa mère et ses sœurs lui contèrent tumultueusement et toutes à la fois qu'elle s'était évanouie dans le jardin du Palais-Royal, qu'un grand seigneur, le prince de Courtenay, l'avait relevée dans ses bras, et sans demander une voiture, sans vouloir être aidé par personne, l'avait ainsi transportée jusque chez elle.

Nanette, délicieusement émue, s'informa de ce qu'était devenu le prince.

On lui répondit qu'il avait attendu l'avis du médecin qu'on avait envoyé chercher en toute hâte et que, complétement rassuré par ses paroles, il s'était éloigné sans annoncer s'il reviendrait bientôt.

— Il reviendra, — se dit la jeune fille en appuyant la main sur son cœur, — il reviendra... Je le sens là...

En moins d'une heure, le bruit de l'accident arrivé à la belle bouquetière se répandit dans tout Paris.

Alors, gentilshommes, grands seigneurs, philosophes, encyclopédistes, et même quelques petits abbés, vinrent prendre de ses nouvelles et se faire inscrire chez elle.

L'un d'eux, plus hardi, força sa porte, et ce fut alors une véritable invasion, une avalanche de visiteurs, plus illustres les uns que les autres.

Seul, au milieu de cette cohue titrée, Pierre de Courtenay manquait.

Oh ! en ce moment, le cœur de Nanette était vraiment le plus adorable chef-d'œuvre de l'amour, et, par aucune issue, ne laissait échapper la moindre parcelle de la précieuse souffrance qu'il renfermait avec tant de courage et de bonheur !...

Elle souriait, la charmante fille, aux galanteries de ce peuple de marquis et de ducs, accourus chez elle comme au petit lever du roi.

Et, marquis et ducs prenaient pour eux ce sourire doux et distrait et continuaient à se rendre coupables des plus notables fadeurs, pillant Dorat en l'honneur de Nanette...

Mais Nanette avait bien trop d'esprit et trop d'amour pour comprendre ces gens-là.

Elle ne les écoutait pas, elle se contentait de leur sourire.

Car, au fond, Nanette était heureuse, bien heureuse !...

Que lui manquait-il ?

Rien, puisque le prince ne voulait pas se marier, — puisque à coup sûr il aimait Nanette...

Mais quel serait l'avenir de cet amour ? Qu'arriverait-il le lendemain ? Pierre avait-il deviné que, lui aussi, il était aimé ? N'en abuserait-il pas ?...

A tout cela, Nanette ne voulait pas penser...

La voix de son frère Marcel, parlant tout bas à son oreille, lui fit l'effet de ces voix qu'on entend dans un rêve.

Marcel, pour s'approcher d'elle, avait fendu la presse des courtisans dorés. Nanette tressaillit et écouta.

— Petite sœur, — lui dit Marcel, — je viens de voir notre ami le prince de Courtenay.

— Où cela ? — demanda vivement la jeune fille.

— Dans l'antichambre... — il venait s'informer de toi... — Je lui ai répondu que tu allais de mieux en mieux...

— Et pourquoi n'est-il pas entré ?

— Il a dit qu'il y avait trop de monde chez toi, et qu'il ne voulait point se mêler à cette foule...

— Oh ! — pensa la jeune fille, — vous avez bien fait mon prince, car vous êtes seul dans mon cœur.

Le lendemain, dans la matinée, au moment où Nanette achevait sa toilette, sa femme de chambre vint l'avertir que le prince de Courtenay sollicitait l'honneur d'être reçu par elle.

— Faites entrer monseigneur de Courtenay dans le boudoir, — répondit-elle d'une voix qu'elle s'efforçait de rendre ferme, — et dites-lui que, dans quelques instants, j'aurai l'honneur de me rendre à ses ordres.

La femme de chambre sortit.

Nanette comprenait que le moment décisif était proche, que l'heure la plus solennelle de sa vie allait sonner.

Elle se mit à genoux, et elle adressa à Dieu une courte mais ardente prière.

— Protégez-moi, mon Dieu ! — dit-elle, — venez en aide à ma faiblesse, car, si vous ne me soutenez pas, je sens bien que la force me manquera !...

Nanette se releva et se regarda dans une glace.

Elle était belle comme un ange, mais pâle comme une morte, et cette pâleur ajoutait encore à sa beauté en lui donnant un cachet d'étrangeté fantastique.

Son costume de ce jour-là n'était point celui qu'elle portait d'habitude. Comme elle ne comptait pas retourner au Palais-Royal, elle était entièrement vêtue de blanc, ainsi qu'une fiancée.

Elle se dirigea vers le boudoir, mais sa main tremblait tellement qu'elle fut obligée de s'y reprendre à deux fois pour en ouvrir la porte.

Pierre de Courtenay attendait debout.

Lui aussi était pâle. Son beau visage, sérieux et recueilli, exprimait une résolution profonde.

Un amour immense, infini, étincelait dans son regard.

Il vint au-devant de Nanette, il lui prit la main, il la conduisit jusqu'à un siége, et, s'asseyant lui-même en face d'elle, il lui dit, d'une voix émue, et cependant ferme et assurée :

— J'ai tout compris, mademoiselle, — j'ai lu dans votre cœur, comme vous avez lu dans le mien...

Une vague de sang monta du cœur au front de

Nanette, elle cacha, entre ses deux mains blanches, son visage rougissant.

Le prince poursuivit, avec cette simplicité d'accent et de paroles qui donnait une si grande valeur à ses moindres discours.

— Je vous aime, mademoiselle, depuis le jour où je vous ai vue pour la première fois... — Depuis ce jour, je vous ai donné, invinciblement et pour toujours, ma vie, mon âme, toutes mes pensées... — non sans lutter, cependant, mademoiselle, — car j'ai lutté beaucoup, lutté longtemps contre mon propre cœur dont je redoutais l'entraînement irréfléchi et en quelque sorte forcé... — Je ne vous connaissais pas alors ou plutôt je ne connaissais de vous que votre angélique beauté... — C'était assez pour vous aimer, mais non pour que cet amour fût exempt de trouble et d'épouvante, car je considère comme le pire malheur qui puisse arriver à un honnête homme, quel qu'il soit, de donner sa vie à une femme indigne de la plus chaste tendresse et du plus saint respect...

Le prince fit une courte pause.

Nanette, oppressée, enivrée, l'écoutait en baissant les yeux comme les élus du paradis doivent écouter l'harmonie des concerts célestes.

M. de Courtenay poursuivit :

— La position que vous vous étiez faite à vous-même... les hommages incessants qui vous entouraient, me paraissaient d'infranchissables obstacles élevés entre nous. — Je regardais comme impossible, je l'avoue, qu'au milieu de tant de périls, une jeune fille pût conserver intactes, non seulement sa vertu, mais encore l'auréole de virginale candeur qui doit rayonner autour d'un front sans tache... — Je me trompais... — Ce prodige auquel je ne croyais pas, vous l'avez réalisé... — Non seulement ceux qui vous connaissent le mieux vous admirent autant qu'ils vous aiment, mais encore l'opinion publique s'incline avec respect devant vous !... — Ce n'est pas tout, mademoiselle. — Un jour, — et Dieu sait avec quel bonheur !... — j'ai compris que vous m'aimiez... — Ces bienfaits mystérieux que je ne rougis point d'avoir reçus, j'ai deviné quelle main me les envoyait. — Cette lettre adorable d'hier, ce chef-d'œuvre de la tendresse qui se dévoue et qui s'immole, et qui s'offre, vivant holocauste, au bonheur de celui qu'on aime, j'ai deviné quel était le cœur qui l'avait dicté... — Vous voulez vous sacrifier pour moi... Ce sacrifice, je n'ai pas eu la force de l'accepter. — Oui, je serai heureux... je serai heureux par vous, mais d'une autre façon, — nous le serons ensemble... — Cette fortune qui me vient de vous, je l'accepte, mais à la condition que vous la partagerez avec moi... — Mademoiselle... ma bien-aimée... voulez-vous être ma femme ?...

En prononçant ces derniers mots, Pierre de Courtenay avait mis un genou en terre devant Nanette toujours assise.

La jeune fille suffoquait. Des sanglots convulsifs soulevaient sa poitrine et déchiraient sa gorge ; elle pleurait abondamment.

Certes, dans ces sanglots et dans ces larmes, il y avait une immense amertume, une incompréhensible douleur, — et cependant Nanette semblait heureuse.

Ses yeux en pleurs et le sourire de sa bouche exprimaient une joie surhumaine.

Elle étendit les mains, — elle prit la tête de Pierre de Courtenay agenouillé, et elle l'appuya passionnément contre son cœur.

Le prince, en ce moment, put comprendre comment ce cœur battait pour lui.

— Vous consentez ?... — s'écria-t-il, — vous consentez, n'est-ce pas ?...

Et, comme Nanette ne pouvait pas répondre, dix fois il recommença cette question.

Enfin, la jeune fille balbutia :

— Demain... attendez jusqu'à demain.

— Oh! non... non, pas demain... mais aujourd'hui... à l'instant même... au nom du ciel, au nom de notre amour, ne me refusez pas... — vous voyez que j'attends... vous voyez que je me meurs d'impatience et d'angoisse, — si vous refusez de me répondre... Nanette, oh! Nanette... c'est que je me suis trompé... c'est que vous ne m'aimez pas...

— Demain... — répéta la jeune fille, et jusque-là, mon ami, ne doutez point de moi, car ce serait bien mal... et croyez que jamais... jamais... personne n'a aimé plus que je ne vous aime...

Le prince insista vainement.

Vainement il supplia... vainement ses larmes coulèrent.

Nanette se montra inflexible, et, aux ardentes prières de son amant ivre d'amour, elle ne répondit que par ce mot :

— Demain...

Pierre de Courtenay, vaincu, se retira désespéré.

L'étrange obstination de la jeune fille lui paraissait de fatal augure.

— Pourquoi remettre au lendemain, — se disait-il — cette réponse qu'il eût été si facile d'accorder sur-le-champ?... — pourquoi différer le bonheur quand la vie est si courte?... — pourquoi lui imposer toute une longue journée d'attente et d'angoisse? — Oh! Nanette est bien cruelle!...

Et la conclusion obstinée de ces douloureux raisonnements était celle-ci :

— Ce que Nanette éprouve pour moi, c'est de la pitié... mais point d'amour!... — Elle ne m'aime pas!... elle ne m'aime pas...

## XLIII

Le lendemain matin, après une de ces nuits sans sommeil qui, en quelques heures, vieillissent de dix ans un homme, Pierre de Courtenay reçut, des mains de son valet de chambre, une lettre dont l'écriture bien connue le fit pâlir. La main qui en avait tracé la suscription était la même qui, deux fois déjà lui avait écrit sous le prétexte trompeur d'un lien de parenté imaginaire, — la main de Nanette Lollier.

Il déchira l'enveloppe, comme jadis Pandore dut soulever le couvercle de cette funeste cassette d'où s'échappèrent tous les fléaux qui règnent en maîtres sur le monde, — il lut et demeura comme foudroyé.

Voici ce que contenait cette lettre :

« Oh! non, ne doutez pas de moi, mon ami bien-aimé, — oh! non, ne me maudissez pas à cause de cette cruelle preuve d'amour que je vais vous donner en brisant mon cœur et, hélas! aussi le vôtre...

» Pierre, je ne peux pas, — entendez-vous bien, — JE NE PEUX PAS être votre femme...

» Il y a entre nous une barrière.

» Ce n'est pas mon humble naissance... ni l'état que je quitte, ni les vains préjugés du monde...

» Cette barrière est plus sérieuse, — elle est terrible, — elle est infranchissable... — et, malheureuse folle que je suis, dans mon aveuglement fatal, je l'avais oubliée !...

» Lorsque j'ai entendu prononcer votre nom pour la première fois, — lorsque j'ai su que vous étiez le prince Pierre de Courtenay, j'aurais dû fuir... j'aurais dû m'exiler à l'autre bout du monde, — j'aurais dû mourir, s'il l'avait fallu, pour ne plus vous revoir...

» Mais je vous aimais déjà... et le courage m'a manqué, et voici que nous sommes deux à souffrir...

» Quand vous recevrez cette lettre, Nanette la bouquetière, — Nanette que vous avez aimée, — aura quitté le monde pour n'y rentrer jamais... elle aura été offrir à Dieu, dans un cloître, ce cœur qui est tout à vous... triste hommage, que Dieu seul est assez grand, assez bon, pour accepter.

» Je laisse à mes parents la part de ma fortune que j'ai gagnée en vendant des fleurs. — Quant au million que vous avez reçu au nom de votre parente, conservez-le, *il est à vous*, écoutez-moi et comprenez-moi, Pierre, — *il est à vous*, bien à vous — ce n'est pas un présent, c'est une RESTITUTION. — Si vous

20

m'aimez encore, ne cherchez point à découvrir le sens fatal de ces paroles... — il y a là un secret, Pierre, il y a là un crime, mais je pourrai lever le front devant mon Dieu sans rougir, car de ce crime je suis innocente.

» Pourrez-vous lire cette lettre ? — les traces de mes larmes effacent chaque ligne... je souffre... — il me semble que je vais devenir folle ou mourir... — mon cœur se brise, ma tête s'égare... et cependant j'ai bien besoin de force encore, car je ne suis pas au bout, et l'épreuve commence à peine.

» Vous souvenez-vous, Pierre, de ce que, sous le nom d'une autre, je vous écrivais il n'y a pas longtemps?...

» — *Avoir été aimée de vous,* — vous disais-je, — *c'est un assez grand bonheur pour remplir tout le reste d'une vie...*

» Je vais vous prouver que je disais vrai...

» Adieu... adieu, mon fiancé d'une heure, adieu!... — pensez parfois à la pauvre fille qui, du fond du cloître, vous aimera toujours et priera sans cesse pour vous...

» Adieu encore!... — nous nous reverrons un jour, bientôt peut-être... mais plus en ce monde...

» Nanette. »

Pierre de Courtenay, quand il eut bien compris toute l'étendue de son malheur, — quand il fut revenu au sentiment de sa situation, — s'élança hors de chez lui, comme un fou, — tête nue, — sans épée.

Il courait à la rue Saint-Honoré.

A quelques pas de la maison des Lollier, il rencontra Marcel.

— Où est Nanette? — lui cria-t-il.

— Monseigneur, — répondit le jeune homme, stupéfait du désordre et des yeux hagards de son interlocuteur, — Nanette est sortie il y a deux heures...

— Où est-elle? où est-elle?

— Elle a fait demander un fiacre, et elle nous a dit qu'elle allait à l'Archevêché... je pense qu'elle rentrera bientôt...

— Bientôt! — répéta le prince avec un éclat de rire insensé, — elle ne rentrera pas!... — elle ne rentrera pas!... — Et vous l'avez laissée partir!... — ah! vous ne l'aimez pas!... vous ne l'aimez pas!...

Et Pierre de Courtenay, abandonnant Marcel sans ajouter une parole, reprit sa course furieuse en se dirigeant vers l'Archevêché.

Les valets du prélat connaissaient le prince et répondirent à ses questions.

Une heure avant ce moment, l'archevêque de Paris avait demandé son carrosse et il était sorti, accompagné de son grand vicaire et d'une jeune fille.

Seulement on ne savait pas où monseigneur était allé, non plus que quand il rentrerait.

Pierre de Courtenay s'évanouit.

On le transporta chez lui, — il ne reprit connaissance que pour entrer dans les accès d'un délire furieux.

Pendant quinze jours, il fut entre la vie et la mort.

Au bout de ce temps il fut sauvé, mais ce ne fut qu'un mois plus tard qu'il apprit que Nanette Lollier venait d'être admise, comme novice, parmi les Carmélites de la rue du Bouloy.

C'était là que l'archevêque de Paris la conduisait.

Toutes démarches pour se rapprocher d'elle étaient inutiles, le prince n'en essaya aucune.

Jamais on ne l'entendit à l'avenir prononcer le nom de Nanette, mais jamais il n'oublia la pauvre enfant qu'il avait tant aimée. Il ne se maria point, — il vécut seul et triste, — il mourut jeune et inconsolé.

Nanette l'avait précédé d'un an là-haut, où se rejoignent les cœurs séparés sur la terre.

La famille de Courtenay est éteinte.

Il ne nous reste que quelques mots à dire, mais ces quelques mots aideront à soulever le voile mystérieux qui s'étend sur certaines parties de notre récit.

L'intendant du vieux prince Jean de Courtenay, alors qu'il remplissait, pour le compte de son maître, les honorables fonctions de mercure galant, prenait, — dit une chronique secrète de l'époque, — le nom de guerre de *Grain-d'orge*.

Quant à la ruine subite et incompréhensible du même Jean de Courtenay, elle s'explique facilement.

Le vieillard, au dernier moment de cette vie, mêlée de grandes vertus et de vices honteux — avait cru pouvoir, en déshéritant son propre fils légitime, en vouant à la froide misère l'héritier de son nom, — avait cru, disons-nous, payer sa dette à la victime de ses impuissantes amours.

Heureusement la justice de Dieu et le cœur de la jeune fille en avaient décidé autrement.

FIN

# TABLE

                                             Pages

   I. — Un homme de mauvaise mine . . .   1
  II. — A propos de tonneau . . . . . . .   9
 III. — Deux vilaines figures. . . . . . . . 15
 IV. — Un nouveau venu de bonne mine . . 23
   V. — Trio de coquins . . . . . . . . . 31
 VI. — Monseigneur . . . . . . . . . . . 39
VII. — L'enfant et le rosier. . . . . . . . 49
VIII. — Nanette et Rosette. — Les Fiancés . 57
 IX. — L'homme propose et la femme dispose . . . . . . . . . . . . . 66
   X. — Repas de famille . . . . . . . . . 72
 XI. — Un ami inconnu . . . . . . . . . 79

|  |  | Pages |
|---|---|---|
| XII. | — Gentilhomme et grand d'Espagne | 87 |
| XIII. | — Le Moulin de Javelle. | 95 |
| XIV. | — Le Mariage | 100 |
| XV. | — Le Canot noir | 107 |
| XVI. | — Trois ans après. | 114 |
| XVII. | — Le Parloir des Carmélites | 120 |
| XVIII. | — La Bouquetière du Palais-Royal. | 128 |
| XIX. | — Un Nom | 136 |
| XX. | — Jean de Courtenay. | 143 |
| XXI. | — La Foire de la Châtre | 150 |
| XXII. | — Un Gentilhomme pauvre | 158 |
| XXIII. | — Les Empoisonnements | 165 |
| XXIV. | — L'Hospitalité. | 172 |
| XXV. | — Ange de Thiphaine. | 179 |
| XXVI. | — La Chambre rouge. | 185 |
| XXVII. | — Le Repas. | 192 |
| XXVIII. | — Le Vin d'Espagne. | 199 |
| XXIX. | — L'Ange sauveur | 207 |
| XXX. | — Une plainte au criminel | 214 |
| XXXI. | — Les Bohémiens. | 221 |
| XXXII. | — Ziska | 228 |
| XXXIII. | — Marcel. | 236 |
| XXXIV. | — Un Défenseur | 243 |
| XXXV. | — Une Matinée. | 248 |
| XXXVI. | — Une Parente inconnue. | 254 |
| XXXVII. | — Un Avis anonyme | 260 |

# TABLE

|  | Pages |
|---|---|
| XXXVIII. — La Petite maison de Fontenay-aux-Roses | 266 |
| XXXIX. — Un Pigeon pour une tourterelle | 273 |
| XL. — Conversation | 282 |
| XLI. — Le Choix d'une fleur | 289 |
| XLII | 297 |
| XLIII | 304 |

Imprimerie générale de Châtillon-sur-Seine, J. Robert.

www.ingramcontent.com/pod-product-compliance
Lightning Source LLC
Chambersburg PA
CBHW071300160426
43196CB00009B/1364